suhrkamp taschenbuch 894

Werner Schiffauer, geboren 1951. Studium der Ethnologie und der Sozialpädagogik in Berlin, Ankara und Paris. Feldforschungsaufenthalte in anatolischen Dörfern. Arbeit mit türkischen Jugendlichen in Berlin-Kreuzberg.

In der Nacht vom 20. zum 21. Mai 1978 wurde in einem Kreuzberger Hinterhaus die 18jährige Petra K. von 13 türkischen Jugendlichen und einem Erwachsenen vergewaltigt – so jedenfalls sah der Tatbestand in dem anschließenden Gerichtsverfahren aus.

Näheres Zusehen lehrt aber, daß es sich bei dem Tatbestand um ein perfektes Mißverständnis handelt, ein kulturelles Mißverständnis zwischen Deutschen und Türken, das keiner der Beteiligten mehr aufzulösen vermochte.

Werner Schiffauer, der mit einigen der jungen Türken aufgrund von sozialpädagogischer Arbeit vertraut war, verlor dies Vertrauen gründlich nach ihrer Tat. Auch die sozialpädagogische Arbeit selbst erscheint kaum noch vertrauenerweckend, wenn sie solche Konflikte nicht vermeiden helfen kann.

Die bio- und ethnographischen Recherchen, die Schiffauer anstellte, suchen die Rätsel des Kulturkonflikts, der in jener gemeinsamen Vergewaltigung einer 18jährigen ausbrach, zu lösen. Wie das Weltbild der »Ehre«, das im türkischen Dorf herrscht, das Verhältnis der Geschlechter definiert, das ist in der Tat mit den Verhältnissen Westberlins und der Bundesrepublik unvereinbar; so nimmt der Konflikt eine Dimension von Schicksalhaftigkeit an, gegen die alle Sozialpädagogik machtlos scheint.

Anderseits demonstriert Schiffauers Untersuchung eindrucksvoll, daß Diskussionen über die Türken in der Bundesrepublik ohne ethnologische Kenntnis der türkischen Dorfkultur gehaltlos bleiben müssen. Und für das Problem der »Integration« werden manche der individuellen Lösungen, die einige seiner Informanten für das Leben in zwei Kulturen schon gefunden hatten, bedeutsamer als allgemeine Proklamationen, welcher Richtung auch immer.

Werner Schiffauer
Die Gewalt der Ehre

Erklärungen
zu einem deutsch-türkischen
Sexualkonflikt

Suhrkamp

Redaktion: Michael Rutschky
Umschlagfoto: Manfred Ortmann

suhrkamp taschenbuch 894
Erstausgabe
Erste Auflage 1983

Satz: IBV Lichtsatz KG, Berlin
Druck: Nomos Verlagsgesellschaft, Baden-Baden
Printed in Germany
Umschlag nach Entwürfen von
Willy Fleckhaus und Rolf Staudt

1 2 3 4 5 6 – 88 87 86 85 84 83

Inhalt

Der Prozeß

In der Nacht vom 20. zum 21. Mai 1978 wurde in einem Hinterhaus, Berlin-Kreuzberg, die 18jährige Petra Kaiser von 13 türkischen Jugendlichen und einem Erwachsenen vergewaltigt – so jedenfalls sah es in der Gerichtsverhandlung aus, die sechs Monate später die Vorfälle jener Nacht zu klären schien. Die Aussagen Petra Kaisers und die der Jugendlichen paßten zusammen und fügten sich mit den Gutachten – einem gynäkologischen und einem psychiatrischen – zu einem übersichtlichen Bild.

Bekir Otyam, einer der Verurteilten, hatte am 20. Mai zur Feier seines Geburtstages ein Essen in einem griechischen Lokal gegeben, für 13 Jugendliche und einen Erwachsenen, mehr oder weniger enge Freunde Bekirs. Einige kannten sich seit längerer Zeit, andere, wie Ali Kaynar, hatten sich erst vor einem halben Jahr der Gruppe angeschlossen. Gewöhnlich traf man sich im Jugendfreizeitheim oder in der Wohnung in der Frankestraße, in welcher auch die Vergewaltigung von Petra Kaiser stattfand. – An jenem Abend tranken sie Whisky, wieviel genau, blieb ungeklärt, die Blutprobe am nächsten Tag ergab keine Werte. Gegen ein Uhr nachts verließ Ali Kaynar das Lokal, um Luft zu schnappen. Gegen halb zwei Uhr traf er Petra Kaiser auf dem Hermannplatz, zufällig.

Petra Kaiser, beim Prozeß 19 Jahre alt, wirkt dünn und zerbrechlich. An jenem Abend hatte sie dem Drängen ihres Freundes nachgegeben und ihn, gegen den Willen ihrer Mutter, zur Bushaltestelle am Hermannplatz begleitet. Gegen halb zwei Uhr bestieg er den Bus und fuhr nach Hause. Als Petra Kaiser dann den Platz überquerte, kam Ali Kaynar auf sie zu und legte, ohne viel zu sagen, den Arm um ihre Schulter. Sie ging mit, ohne Widerstand.

Vorsitzender: »Hat er Sie so gepackt?« – Petra Kaiser: »Nein, er legte den Arm so auf die Schulter.« – Vorsitzender: »War er grob?« – Petra Kaiser: »Nein.« – Dennoch wurde bei der Vernehmung von Petra Kaiser deutlich, daß sie Ali keineswegs freiwillig folgte, sondern daß sie sich von ihm bedroht fühlte. Petra Kaisers Mutter sagte später aus, Petra habe Angst vor einem Messer gehabt – Ali hatte aber keines bei sich. Ob sie denn nicht an Flucht gedacht habe, fragte der Richter: »Ich habe mich nicht getraut.« Warum sie nichts gesagt, nicht protestiert habe? – »Ich bringe kein Wort heraus.« Ob Ali sie irgendwie bedroht habe? – »Nein.« Einige Straßen sind Ali und Petra Kaiser nebeneinander hergegangen, ohne sich weiter zu berühren. Warum sie nicht weggelaufen sei, fragte der Richter. »Er hat so geguckt.«

Ali ging mit Petra zur Wohnung in der Frankestraße, dann, als er seine Freunde nicht antraf, zurück zu dem griechischen Lokal. Petra Kaiser wartete auf der Straße: Auch jetzt wagte sie nicht wegzulaufen. Dann kam Ali zusammen mit Orhan Dümen aus dem Lokal, er zeigte ihm Petra Kaiser: Hier sei ein Mädchen, das Orhan heiraten könne.[1] Orhan kehrte in das Lokal zurück, Ali und Petra Kaiser gingen zurück in die Wohnung.

Dort begann Ali aufzuräumen und sauberzumachen. Er wischte den Tisch ab und spülte Geschirr, Petra Kaiser trocknete ab. Vorsitzender: »Hat er geschimpft, gedroht, gesagt: ›Ich steche mit dem Messer‹?« – Petra Kaiser: »Nein.« – Vorsitzender: »War er höflich?« – Petra Kaiser: »Ja.«

Nur einmal widersprechen sich bis dahin die Aussagen von Petra Kaiser und Ali Kaynar. Als sie zur Außentoilette ging, sei sie von ihm bewacht worden, behauptete sie, er sei sogar mit in die Toilette gekommen. Ali dagegen beharrte darauf, er habe in der Wohnung auf sie gewartet.

Dann, so Petra Kaiser, forderte Ali sie auf, sich auszuziehen: »Nun mach schon.« Er habe ihr aus BH und Schlüpfer geholfen, dabei sei er aber grob geworden. Sie rauchen noch eine Zigarette – dann will Ali mit ihr schlafen. Jetzt endlich sträubt sich Petra Kaiser, droht, wenn auch jämmerlich hilflos: »Es kann sein, daß ich dir eine knalle.« Er habe geantwortet: »Mach keine Anstalten.« Sie habe ihm eine »geknallt« und ihn bespuckt. Die Verge-

[1] Orhans Aufenthaltserlaubnis war abgelaufen und nicht verlängert, ein Einspruch war abgelehnt worden. Seine einzige Chance, in Deutschland zu bleiben, sah er in der Heirat mit einer Deutschen.

waltigung erfolgte, wie es der Richter ausdrückte, »in einer unüblichen Stellung«: Petra Kaiser saß auf Ali Kaynar. Vorsitzender: »Warum denn ?« – Petra Kaiser: »Ich mußte ja.« – Vorsitzender: »Hat er Ihnen dabei wehgetan? Sie geschlagen?« – Petra Kaiser: »Nein.« Noch ein zweites Mal führte Ali den Geschlechtsakt mit ihr aus. Es tat weh, sie war Jungfrau gewesen.

Zwischen halb fünf und fünf Uhr morgens kamen die anderen Jugendlichen in die Wohnung. Es ist unwahrscheinlich, daß sie damit rechneten, das Mädchen noch anzutreffen. Seit dem Gespräch mit Orhan Dümen waren mehr als zwei Stunden vergangen, außerdem galt Ali als schwul. – Er habe sich bloß frischmachen wollen, weil er seinem Vater nicht betrunken unter die Augen treten wollte, erklärte Erol Kemal. Yilmaz Doğan, der sich gleich vor dem Lokal verabschieden wollte, wurde von Yusuf Timur mitgenommen, damit man sich in der Wohnung formal verabschieden könne. Alle waren erheblich betrunken.

Sie waren überrascht, im hinteren Zimmer der Zweizimmerwohnung Ali und Petra Kaiser zu finden. »Ich habe ihn noch nie mit einem Mädchen gesehen«, sagte Bekir Otyam. Als Ali ins vordere Zimmer kam, fragten sie, ob sie auch mit ihr schlafen dürften. Ali sagte aus, er sei zu Petra Kaiser zurückgegangen und habe gefragt, ob sie einverstanden sei. Petra Kaiser bestreitet das. Welche der beiden Aussagen auch zutreffen mag – ich neige dazu, Petra Kaiser zu glauben –, wichtig ist, daß Ali Kaynar Petra nicht als seine Freundin bezeichnet und damit den anderen bedeutet hat, daß sie bei ihr nichts zu suchen hätten. Dies wäre eine Erklärung gewesen, die sie wahrscheinlich akzeptiert hätten – und die Nacht hätte einen anderen Verlauf genommen.

Nacheinander betraten die Jugendlichen den Raum und machten sich, einer nach dem anderen, über Petra Kaiser her. Erol Kemal: »Ich habe sie gefragt, ob sie mit mir schlafen will. Aber sie war passiv gewesen. Sie hat nicht ›ja‹ gesagt und nicht ›nein‹. Da habe ich mit ihr geschlafen.« – Yusuf Timur: »Ich habe als zweiter das Mädchen gefragt, ob sie mit mir schlafen will, und weil sie nichts gesagt hat, habe ich angenommen, sie will.«

Petra Kaiser muß zu diesem Zeitpunkt vollkommen widerstandsunfähig auf dem Bett gelegen sein. Das psychiatrische Gutachten spricht von einem »Totstellreflex«. Am Anfang, sagte sie, habe sie noch protestiert: »Ich hab gesagt: ›Ich will in Ruhe gelassen werden‹ und: ›Ich will nach Hause.‹ Sie haben aber nur gesagt, ich soll nicht albern tun... Nach einiger Zeit konnte ich gar nichts mehr sagen. Da war es ganz aus.«

Diese Aussagen werden ergänzt vom gynäkologischen Bericht, in dem es heißt, daß keine Verletzungen festgestellt wurden, die auf Schlagen, Stoßen etc. zurückzuführen gewesen wären. Nicht dadurch also wurde das Mädchen gefügig gemacht.

Am frühen Vormittag eskalierten die Ereignisse. Einige der Jugendlichen waren bereits gegangen, andere schliefen, als im vorderen Zimmer Petra, die immer noch nicht hatte fliehen können, ein weiteres Mal vergewaltigt wurde, von einem erwachsenen Mann, der nicht zu identifizieren war. Veli Aksoy protestierte dagegen, offenbar aber nur halbherzig, jedenfalls ohne Erfolg. Als sie danach auf dem Boden lag, beschmierte sie einer der Jugendlichen mit Lippenstift. Sie sagte aus, man habe ihr ein Stuhlbein in die Scheide schieben wollen. Auch wurden zu diesem Zeitpunkt Fotos gemacht, die aber unauffindbar blieben. Gegen halb zehn wurde sie von Veli Aksoy aufgefordert, mit ihm zu seiner Wohnung in der Sonnenallee zu gehen: »Wenn du nicht mitkommst, ficken wir dich alle noch einmal durch.« (Petra Kaiser) Vor der Tür riß Petra sich los und rannte nach Hause.

Die Eltern alarmierten die Polizei, die fünf der Jugendlichen – Orhan Dümen, Veli Aksoy, Rüstem Tahir, Yusuf Timur und Bekir Otyam – am Tatort, wo sie schliefen, festnahm. Ali Kaynar und Erol Kemal wurden erst am nächsten Tag verhaftet. Erol hatte seinen Ausweis in der Wohnung vergessen und war aufs Polizeirevier gegangen, um ihn dort abzuholen (!). Ahmed Yasa wurde zwei Tage später gefaßt. Gegen einen neunten, Yilmaz Doğan, wurde ebenfalls Anklage erhoben. Er war jedoch weniger belastet als die anderen und kam deshalb nicht in Untersuchungshaft. Ein zehnter Jugendlicher wurde kurz vor der Verhandlung verhaftet, sein Fall wurde deshalb abgetrennt. Die letzten drei Jugendlichen und der erwachsene Mann konnten nicht gefaßt werden.

Am 24. November 1978 wurde das Urteil verkündet. Es lautete auf zwei Jahre Jugendstrafe für Ali Kaynar wegen Vergewaltigung; auf eineinhalb Jahre Jugendstrafe für die Angeklagten Orhan Dümen, Rüstem Tahir, Yusuf Timur, Ahmed Yasa, Erol Kemal und Bekir Otyam wegen Ausübens des Geschlechtsverkehrs mit Widerstandsunfähigen; auf neun Monate Jugendstrafe für Veli Aksoy wegen unterlassener Hilfeleistung. Der Angeklagte Yilmaz Doğan wurde freigesprochen. Alle Strafen wurden zur Bewährung ausgesetzt. In der Urteilsbegründung hieß es, daß dies Strafmaß angesichts der Schwere der Tat erforderlich sei. Die Schwierigkeiten, die sich aus dem Aufwachsen zwischen zwei Kulturen ergäben, berechtigten aber zur Anwendung des Jugendstrafrechts. Die Strafe sei zur Bewährung auszusetzen, weil bei den Jugendlichen nicht von »schädlichen Neigungen« gesprochen werden könne und die Tat ihnen »wesensfremd« sei, Rückfälle also nicht zu befürchten seien. Zu berücksichtigen gewesen sei des weiteren das durchweg gute Familienleben in den Elternhäusern.

Wieso leistete Petra Kaiser keinen Widerstand? Ich sehe zwei Erklärungsmöglichkeiten.

Zum einen schien sie völlig befangen in den kulturellen Stereotypen, die über Türken kursieren. Warum hat sie nicht gleich am Anfang wegzulaufen versucht? Ali habe »so geguckt« – Türken sind unheimlich, unberechenbar, bedrohlich. Türken haben immer Messer bei sich – daß Ali Kaynar keines hatte, daß er am Anfang auch noch nicht gewalttätig war, das konnte sie nicht wahrnehmen.

Petra Kaiser ist eines der elf Kinder von Karin Mohn, zwei ihrer Geschwister sind unehelich. Petras Vater starb im Alter von 39 Jahren an einer Gehirnhautentzündung. Petra wurde damals zu ihrer Großmutter gegeben und kam später in ein Kinderheim. Zur Zeit lebt sie als einziges der Geschwister bei ihrer Mutter und deren zweitem Mann, Herrn Mohn. Sie besucht Sonderschule, Heimschule, dann Beschützende Werkstatt, in der sie allerdings unterfordert ist, wie der Psychiater vor Gericht erklärt. In der Werkstatt lernte sie auch ihren späteren Verlobten kennen.

Petras Mutter ist hager, verbraucht, eine kaputte Kreuzbergerin, die keine Kraft mehr hat, nur noch mitgerissen, mitgespült wird. Sie wirkt wie über 60, ist aber erst 52. Vor drei Jahren heiratete sie ihren zweiten Mann. Er könne nichts über Petra sagen, erklärte der Stiefvater vor Gericht, er wohne erst seit vier Jahren (!) in der Familie.

Petra Kaisers Persönlichkeit sei bestimmt durch »Übergefühligkeit«, hatte der Psychiater vor Gericht erklärt, durch eine allgegenwärtige Angst, irgendwas falsch zu machen, andere zu belästigen, überhaupt aufzufallen. Am Morgen nach der Vergewaltigung, als sie endlich nach Hause kam, sagte sie zu ihrer Mutter: »Mutter, ich bin vergewaltigt worden, schimpf nicht!« Auf die Frage des Richters, warum sie in der Frankestraße nicht bei den anderen Bewohnern geklingelt und um Hilfe gebeten habe, antwortete sie, daß sie die Leute nicht habe wecken wollen. Petra habe sich als Kind bei Geräuschen »in der Ecke verkrochen« und bei Aufregung bringe sie kein Wort heraus, hatte die Mutter erklärt. Bei Amtsbesuchen sei es notwendig, daß die Mutter sie begleite.

Petra Kaiser hat sich im Sommer nach der Vergewaltigung von ihrem Verlobten getrennt. Im psychiatrischen Gutachten heißt es, die Trennung sei von ihr ausgegangen, zwischen der Entlobung und der Vergewaltigung bestehe kein Zusammenhang.

Mich hat bei dieser ganzen Geschichte vor allem das Verhalten der jungen türkischen Männer beschäftigt. Ich kannte vier von ihnen seit 1975, aus der Arbeit in einem Jugendladen – wir hatten ein freundliches, wenn auch von Gefühlen der Fremdheit bestimmtes Verhältnis. Die Tat hätte ich keinem von ihnen zugetraut. Wie war es möglich, daß sich ihnen von der Hilflosigkeit Petra Kaisers nichts mitteilte? Wie konnte es zu der Fremdheit kommen, die den Ablauf des Abends bestimmte und die ihren

Höhepunkt in den Ereignissen des frühen Morgens fand? Wie war es schließlich möglich, daß sich die Jugendlichen überhaupt keiner Schuld bewußt waren, wie die Umstände der Verhaftung zeigen?

Biographien

Erol Kemal

Erol war zum Zeitpunkt des Verbrechens 19 Jahre alt und arbeitslos. Er lebte mit seinem Vater Memed (47), seiner Mutter Nuray (43) und seiner vier Jahre älteren Schwester Ayşe in einem Hinterhaus in der Nähe des Kreuzberger Südsterns. Dort bewohnte die Familie zunächst eine Einzimmerwohnung, konnte aber später noch eine weitere Wohnung von eineinhalb Zimmern anmieten, in die Erol und Ayşe einzogen. Erol ist ein untersetzter junger Mann mit einem freundlichen, offenen Gesicht; er spricht sehr gut Deutsch.

Ich habe ihn 1975 kennengelernt. Damals kam er zusammen mit Veli Aksoy und Rüstem Tahir regelmäßig in einen Jugendladen in der Ahornstraße. Unser Verhältnis zu den Jugendlichen war freundlich, aber auch bestimmt von Fremdheitsgefühlen. Am engsten war noch die Beziehung zu Erol, wahrscheinlich wegen seiner Sprachkenntnisse. In dieser Rolle wurde er auch von den anderen Jugendlichen anerkannt, wiederholt ließen sie ihn dolmetschen. Bei Diskussionen, erst recht bei Konflikten, pflegte uns Erol die türkischen Normen und Werte zu erklären. Er zeigte dabei ein überraschendes Einfühlungsvermögen, er verstand immer genau, was wir wissen konnten und was nicht. Bei diesen Erklärungen – was das *Kurban*-Fest sei, wie der Islam zum Alkohol stehe – wurde mir deutlich, daß ihm, obwohl er besser über die deutsche Kultur Bescheid wußte als die meisten seiner Freunde, seine türkische Identität selbstverständlich war. Eine typische Szene aus dem Jugendladen: Als die Jugendlichen die Vorbereitung des Festes auf türkisch diskutierten, forderte Gerd sie auf, Deutsch zu sprechen. Erol reagierte aggressiv. Warum Gerd denn nicht Türkisch spreche? Gerd: »Aber ihr sprecht doch alle Deutsch.« Erol: »Ja, aber nicht alle von uns so gut.« – Ich verstand ihn so: »Es ist doch unser gutes Recht, Türkisch zu sprechen, wenn es uns paßt.« Und: »Ihr könnt nicht von uns verlangen, daß wir dauernd radebrechen und uns damit blamieren.«

Erol, schien mir, hing mehr als die anderen Jugendlichen an dem Laden. Er beteiligte sich an Reinigungs- und Renovierungsarbeiten. Als es freilich zu Konflikten kam, weil die Jugendlichen von uns einen Ladenschlüssel forderten, um sich auch nach den Gruppenstunden oder an den Wochenenden dort treffen zu können, mietete Erol 1977 zusammen mit zwei anderen die Zweizimmerwohnung in der Frankestraße, in der später die Vergewaltigung stattfand. In dieser Wohnung konnte er sich ungestört mit seinen Freunden treffen, außerhalb der Elternhäuser und der pädagogischen Institutionen des Gebiets. Nur gelegentlich übernachteten die Jugendlichen auch dort. Es kennzeichnet Erols Stellung in dieser *peer group,* daß die Initiative zum Mieten des neuen Treffs von ihm ausging.

Erol schien mir damals (1976) einer der Jugendlichen zu sein, die die Diskrepanz zwischen deutscher und türkischer Kultur selbständig bewältigen und die Chancen wahrnehmen, die ein Aufwachsen zwischen zwei Kulturen *auch* bietet. Daß er dann in den Fall Petra Kaiser verwickelt war, hat mich sehr verwirrt.

Hauptfigur in Erols Familie ist sein Vater Memed. Ich sprach mit ihm im Juli 1978, Erol war in Untersuchungshaft. Die Mutter saß zwar die ganze Zeit dabei, aber abseits, und sie beteiligte sich, wie bei früheren Besuchen, nicht an unserem Gespräch.

Memed Kemal lebte bis zu seinem 16. Lebensjahr in einem Dorf, 16 Kilometer entfernt von der Kreisstadt Cumra, in der Provinz Konya. 1947 zog sein Vater (Erols Großvater) mit ihm, seinen zwei älteren Schwestern und seinem jüngeren Bruder in die Kreisstadt. Memed wurde dort LKW-Fahrer, kein einfacher Beruf in einem unterentwickelten Land: insbesondere muß man komplizierte Reparaturarbeiten mit einer oft nur unvollkommenen technischen Ausrüstung bewältigen. Ein Konflikt mit seinem Arbeitgeber veranlaßte ihn 1965, trotz seiner guten Stellung, nach Deutschland zu gehen. Seine Frau und seine beiden Kinder ließ er bei seinem Bruder zurück. In Deutschland arbeitete er nur für den Erwerb eines Mähdreschers, den er in der Heimat betreiben wollte. Nach 30 Monaten hatte er genug Geld gespart, um

30000 TL anzuzahlen. Im ersten Sommer fuhr Herr Kemal mit dem Mähdrescher in der weiten Ebene von Konya von Dorf zu Dorf und ließ die Maschine gegen Bezahlung arbeiten. Danach konnte er weitere 50000 TL (von den 170000 TL Kaufpreis) abzahlen. Doch schon im nächsten Jahr verursachte der Mähdrescher so hohe Reparaturkosten, daß für die Familie kein Geld mehr blieb. Herr Kemal verkaufte ihn wieder und kam 1968 zum zweiten Mal nach Deutschland. 1968 zog er von Esslingen nach Berlin, wo es, wie man ihm geschrieben hatte, billigere Wohnungen gab. Ein Jahr später ließ er seine Frau und die Kinder nachkommen. Damals fand er Arbeit in einer Fabrik, die Fahrradzubehör herstellte. Seitdem hat er die Stelle nicht mehr gewechselt.

Herr Kemal ist jetzt 48 Jahre alt, die großen Pläne von früher hat er aufgegeben. Mit dem Geld, das er hier verdient hat, kaufte er etwas Land im heimatlichen Dorf, er will es nach seiner Rückkehr in die Türkei verpachten; er hat auch ein Grundstück in der Kreisstadt erworben und will darauf ein Haus errichten. Wenn er seine familiären Pflichten erfüllt, seine Tochter verheiratet und die Zukunft Erols gesichert hat, wird er sich zur Ruhe setzen, von Rente, Miete und Pachtzins leben. Er wird seinen religiösen Pflichten, dem fünfmaligen Beten am Tag, dem Besuch der Moschee und den Fastengeboten nachkommen, um nicht schuldig vor Gott zu sterben. »Für ein Glas Tee reicht das Geld; ich reise nicht, und in Restaurants gehe ich auch nicht.«

Diese Perspektive wirkt bäuerlich. Man könnte sie als gleichgewichtsorientiert oder zyklisch charakterisieren. Ein Mann ist verpflichtet, seinen Sohn so auszustatten, daß der selbständig leben kann – so war er selber von seinem Vater ausgestattet worden. Mag sein, daß diese nicht an Wachstum orientierte Lebensauffassung der Erfahrung bäuerlichen Wirtschaftens entstammt.

Auch in Berlin scheint Herr Kemal genau, aber unaufdringlich darauf zu achten, daß die Umgangsformen seiner Heimat befolgt werden. Bei einem Elterntreffen im Jugendfreizeitheim, zu dem der türkische Sozialarbeiter eingeladen hatte, mußte dieser Sozialarbeiter den Raum verlassen, um draußen einen Streit zwischen Jugendlichen zu schlichten. Da alles Anstehende besprochen war, drängten einige Eltern zum Aufbruch. Herr Kemal wehrte ab: Man müsse warten, bis der Gastgeber zurückgekehrt sei und ihn um Erlaubnis zum Aufbruch bitten. Dann erst könne man aufstehen und sich entfernen. So gebieten es die Regeln der Höflichkeit.

Herr Kemal meidet türkische Lokale, weil dort die traditionellen Umgangsregeln nicht mehr beachtet werden; deshalb fühlt er sich in ihnen nicht wohl. Deutsche Lokale meidet er, weil er befürchtet, sich dort nicht verständlich machen zu können. So beschränken sich die Kontakte, die die Familie hat, auf zwei oder drei Familien, die ebenfalls aus der Provinz Konya stammen: »Man kann sagen, Türke sei Türke. Aber das ist nicht so. Wenn ich mit jemandem aus einer anderen Stadt zusammenkomme, dann will er über seine Stadt sprechen, aber was geht mich das an? Oder ich spreche über meine Stadt, und das interessiert ihn nicht. Besonders in der Fremde sind Landsleute aus derselben Provinz wichtig. Du kannst nicht auf deine Gesundheit bauen. Wenn du einen Verkehrsunfall hast, wer besucht dich dann im Krankenhaus? Deine Landsleute! Und wer hilft deiner Familie? Deine Landsleute!«

Herr Kemal beschränkt sich auf seine Welt. Die anderen »Welten«, die weitere Türkei und die Bundesrepublik, interessieren ihn nur dann, wenn sie ihn direkt berühren. Ein weitergehendes, von der Praxis gelöstes, »theoretisches« Interesse kann er ihnen nicht abgewinnen. Sie gehen ihn nichts an, er stellt sie nicht in Frage und läßt sich durch sie nicht in Frage stellen. Das Denken Herrn Kemals stellt verschiedene Welten gleichberechtigt nebeneinander und billigt ihnen jeweils eigene Normen und Werte zu. Er hat kein Bedürfnis, sie, in welcher Form auch immer, zu integrieren. Dem entspricht ein Sinn für das jeweils Angemessene. Eine Handlung wird danach beurteilt, ob sie einer Situation entspricht, und nicht daran, ob sie einem in allen Situationen gültigen, abstrakten Wertsystem gerecht wird. In diesem Sinn will ich den – zunächst befremdenden – Kommentar verstehen, den Herr Kemal einem Selbstmordversuch Ahmed Yasas gab: »Es ist eine

Dummheit. Wird jemand an ihn denken, wenn er tot ist? Niemand wird an ihn denken oder über ihn sprechen. Wird der Staatsanwalt weinen, wenn er tot ist?« (Er schnalzt verächtlich mit der Zunge.)

Der Begriff der »Dummheit« *(aptallık)* wird in der türkischen Kultur dem des Verstandes *(akıl)* entgegengesetzt. »*Akıl*« ist der zentrale Begriff in der islamischen Sozialisationstheorie, sein Besitz unterscheidet den Erwachsenen vom Kind, das, wie stets betont wird, noch nichts weiß und bei dem man deshalb auf alles gefaßt sein muß. Der Vorwurf der »Dummheit« ist auf dem Hintergrund dieses emphatischen Vernunftbegriffs zu sehen, der Wissen und richtiges Handeln eng verknüpft. Wenn der Selbstmordversuch (aber auch die Vergewaltigung) als »Dummheit« bezeichnet werden, klingt dies nur im Deutschen mitleidslos und zynisch. Tatsächlich ist gemeint, daß die Jugendlichen sich nicht wie Erwachsene verhalten haben, die wissen, welches Handeln der deutschen Umwelt angemessen sei.

Die wichtigste Aufgabe, die Herr Kemal für sich sieht, ist, für Erols Zukunft zu sorgen. Als Erol die Hauptschule verlassen hatte, finanzierte er ihm eine Ausbildung zum Fernsehtechniker an der Hofmeisterschule, einer Privatschule, die im Monat 170,– DM Studiengebühren verlangt.[1] Nach der Rückkehr in die Türkei wird er sich nach Erols Wünschen richten: Wenn Erol Bauer werden will, werde er ihm einen Traktor kaufen, sagte Herr Kemal, wenn er Fernsehtechniker werden wolle, ihm einen Laden einrichten. Dies habe er bisher noch nicht mit Erol besprochen: »Nein, darüber sprechen wir, wenn wir in der Türkei sind. Hier ist jedes Wort darüber verschwendet.« So fordert es Herrn Kemals Sinn für das Angemessene.

Das Verhältnis von Vater und Sohn ist bestimmt von Verantwortungsbewußtsein und Autorität auf der einen, von Achtung, Gehorsam und Liebe auf der anderen Seite. Das bedeutet auch

[1] Der Jugendgerichtshilfe Kreuzberg sind mehrere türkische Jugendliche bekannt, die diese Schule in der Hoffnung besucht haben, nach der Ausbildung als Fernsehmechaniker arbeiten zu können. Das ist bisher keinem gelungen. Diese Schule wird fast nur von Ausländern besucht.

Distanz und schließt intensive Gespräche aus. Herr Kemal war überrascht, als er im Gefängnis hörte, daß Erol ausgezeichnet Deutsch spricht. Erol habe ihm das zwar früher gesagt, aber er habe ihm nicht geglaubt. Von den Freunden Erols kennt er nur Bekir Otyam und Rüstem Tahir, beide über deren Eltern. Herr Kemal wußte bis zu dem Prozeß nicht, daß Erol eine türkische Freundin hat.

Erol spricht respekt- und liebevoll von seinem Vater. Seine Achtung *(saygı)* bringt er zum Ausdruck, indem er sich in Gegenwart des Vaters nicht gehen läßt, nicht raucht oder trinkt und ihm nicht offen widerspricht. Diese Einschränkungen bringen, bei aller Zuneigung, eine gewisse Unbehaglichkeit mit sich, wenn Vater und Sohn zusammen sind. Erol strebt aus der Familie heraus und vermeidet es, Freunde mit nach Hause zu bringen. Der tägliche Besuch des Jugendladens Ahornstraße, später des Jugendfreizeitheims Moltkestraße, das Anmieten der Wohnung in der Frankestraße erklären sich aus dieser Konstellation. Herr Kemal akzeptiert, daß Erol sich nicht dauernd in der Familie aufhalten will, wenn er auch damals mit dem Plan, die Wohnung anzumieten, nicht einverstanden war – Herr Kemal wirkte hilflos, als er mir das erzählte. Was hätte er Erols Wunsch entgegensetzen sollen? Seine Welt ist ihm weitgehend unbekannt. So blieb es bei der etwas hilflosen Ermahnung, Erol solle sich seine Freunde gut aussuchen.

Erol war zwölf Jahre alt, als er nach Deutschland kam. In der Türkei hatte er die fünfjährige Grundschule und die erste Klasse der Realschule abgeschlossen. In Berlin wurde er in die siebente Klasse einer Hauptschule aufgenommen; seine Leistungen waren zunächst sehr gut, verschlechterten sich aber, als er von einer rein türkischen Klasse in eine gemischte Klasse wechselte. Nach dem Abschluß der neunten Klasse verließ er die Hauptschule. Er hatte damals vor, Dreher zu werden, er konnte aber keinen Ausbildungsplatz finden. Er hatte das Gefühl, bei seinen Bewerbungen als Türke benachteiligt zu werden. Damals finanzierte ihm sein Vater die Ausbildung an der Hofmeisterschule. Aber Erol konnte mit diesem Abschluß keine Arbeitsstelle finden; auch um eine Lehrstelle für diesen Beruf bemühte er sich vergebens.

Im Laufe der Zeit schämte er sich vor dem Vater, der ihn reichlich mit Taschengeld versah. Er gab deshalb seine Ansprüche an Qualifikation und Ausbildung auf und nahm 1977 Arbeit in einer Brotfabrik an. Er arbeitete sechs Tage in der Woche, teilweise auch Schicht, und erhielt 1200,– DM im Monat. Seinen Verdienst gab er dem Vater. Er findet es selbstverständlich, daß er nach seinen Möglichkeiten zum Bau des Hauses beiträgt. Wie den anderen Jugendlichen, ist ihm der Gedanke an ein eigenes Budget fremd, wie bis jüngst unserer Kultur der Gedanke an ein getrenntes Budget von Ehepartnern. Im Laden fragte ich sie einmal, was sie mit einem Lottogewinn machen würden. Selbstverständlich: Sie würden ihn den Eltern geben. – Nach sieben Monaten Arbeit in der Brotfabrik wurde Erol wegen Differenzen mit dem Meister gekündigt.

Wie sein Vater sieht Erol seine Zukunft in der Türkei. »Er sehnt sich mehr nach der Türkei als wir«, erklärten die Eltern. Wie die anderen Jugendlichen plant er nach dem Militärdienst, den er spätestens mit 29 Jahren antreten muß, in der Türkei zu bleiben.

Ich denke, der Vater hat Erols Persönlichkeit entscheidend geprägt. Die anhaltende Identifikation dürfte ihm durch die Toleranz von Memed Kemal wesentlich erleichtert worden sein. Herr Kemal leitet, wie oben beschrieben, die Regeln, die er als verbindlich achtet, weniger aus einem Corpus abstrakter Sätze ab, als vielmehr aus dem Gefühl für das jeweils Angemessene. Und er erkennt an, daß jenseits der Situationen, die ihm vertraut sind, andere existieren können, in denen andere Normen und Werte Gültigkeit besitzen. So erkennt er auch an, daß Erols Lage sich wesentlich von der unterscheidet, die er in seiner eigenen Jugend kennengelernt hat. Dieser Freiraum, denke ich, ermöglichte Erol eine relativ konfliktfreie Beziehung zu seiner Familie. Er konnte auch das Familienziel akzeptieren: er sieht seine Zukunft an der Seite des Vaters in der Türkei. Zugleich konnte er so relativ sicher Deutschen gegenübertreten.

So hatte Erol als einziger der Jugendlichen nach dem Prozeß den Mut, auf die Frauen, die in dem Jugendladen mitarbeiten, zuzugehen und um eine Aussprache über den Fall zu bitten. Erol beharrte darauf, daß es keine Vergewaltigung gewesen sei. Er sei mit den anderen in die Wohnung gegangen, um sich zu erfrischen, den Kopf zu waschen, weil er dem Vater nicht betrunken gegenübertreten wollte. Er sei überrascht gewesen, im Hinterzimmer Ali Kaynar mit Petra Kaiser anzutreffen. Als er zu ihr gegangen sei, habe er sie offen gefragt, ob sie mit ihm schlafen wolle oder nicht. Sie habe geschwiegen – so habe er angenommen, daß sie einverstanden sei. Immer wieder betonte er, daß er, hätte sie nein gesagt, sie auf keinen Fall vergewaltigt hätte, auch hätte er dann die anderen davon abgehalten. Er schäme sich nur, weil er in Gegenwart seiner Freunde mit einer Frau geschlafen habe. Gewalt sei aber keinesfalls angewandt worden. – Ob es nicht merkwürdig sei, daß eine Frau freiwillig mit so vielen Männern hintereinander schlafe? Nein, antwortete Erol, solche Frauen gebe es, und er erzählte von einer Prostituierten der Potsdamer Straße, zu der sie öfters gemeinsam gingen.

Ich denke, daß man diesen Aussagen Glauben schenken darf. Allerdings ist die Diskrepanz zu erklären: Erol vermag sich durchaus in deutschen Alltagssituationen zu orientieren – im Fall Petra Kaiser fehlte ihm jenes Einfühlungsvermögen.

Erol ist im Alter von 12 Jahren in die BRD gekommen, zu einem Zeitpunkt also, als er den »Habitus« seiner Kultur verinnerlicht haben dürfte. Darüber hinaus festigte die Familie seine in der Türkei erworbenen Orientierungen, statt sie, wie bei anderen Jugendlichen, zu verunsichern. Element dieser Orientierungen sind natürlich die Geschlechtsrollen und die an ihren Erwerb geknüpfte Fähigkeit, sich intim und sprachlos zu verstehen. Ich halte es für denkbar, daß die Fähigkeit, sich sicher im institutionalen Feld einer Kultur zu bewegen, nicht notwendigerweise Aussagen über diese grundsätzlich tiefere Schicht zuläßt.[1]

[1] Auf einer anderen Ebene hat die Bilingualismusforschung Erols Problem mit dem Begriff der »zusammengesetzten Zweisprachigkeit« gefaßt. »Für den Bilingualen bilden die beiden Sprachen ein kommunikatives Ganzes, beide ergänzen einander in ihren Funktionen. So mag in der Erstsprache einem Bilingualen das Register ›Sprache der Naturwissenschaften‹ fehlen, das dafür in der Zweitsprache beherrscht wird, und in der Zweitsprache das Register ›Intimes Sprechen‹, über das er dafür in der Erstsprache verfügt.« (Stölting 1974, S. 153)

Ahmed Yasa

Ahmed Yasa, zum Zeitpunkt des Verbrechens 18 Jahre alt, lebt mit seinem Vater Mustafa (46), seiner Mutter Aynur (37), dem Bruder Ismail (16) und den Schwestern Songül (14) und Lale (5) in einer Zweizimmerwohnung nahe dem Kreuzberger Südstern. Früher standen sogar nur eineinhalb Zimmer zur Verfügung. Die vier Kinder der Familie bewohnen das eine Zimmer, das kürzlich für die inzwischen 14jährige Schwester notdürftig aufgeteilt wurde. Die Familie hat einen Wohnberechtigungsschein, und ihr sind mehrere größere Wohnungen vom Landeswohnungsamt angeboten worden. Sie lehnten jedoch ab, weil sich die Mietpreise zwischen 600,– und 800,– DM bewegten.

Ahmed war 1971 als Zwölfjähriger nach Berlin gekommen und in die vierte Klasse aufgenommen worden. 1975 wurde er aus der achten Klasse einer Hauptschule entlassen. In einem dreimonatigen Kurs des Jugendsozialwerkes erwarb er den Schweißerpaß. Eine Arbeit als Schweißer, die er selber gefunden hatte, konnte er nicht antreten, weil ihm die Arbeitserlaubnis für diese Tätigkeit verweigert wurde; das Arbeitsamt ist angewiesen, zunächst deutsche Arbeitslose auf solche Facharbeiterstellen zu setzen.

Dann wurde Ahmed Hilfsarbeiter bei einer Baufirma, kündigte dort jedoch, weil die Firma ihm nur drei Wochen Urlaub gab, die Familie aber eine fünfwöchige Türkeireise machen wollte. Nach der Rückkehr arbeitete er ein Jahr als Gabelstaplerfahrer. Zum Zeitpunkt seiner Verhaftung war er als Gebäudereiniger beschäftigt.

Ich habe ihn 1975 im Jugendheim kennengelernt. Damals war er nicht in der Gruppe der Gleichaltrigen – Erol, Rüstem, Veli u. a. –, sondern hatte sich den Freunden seines zwei Jahre jüngeren Bruders angeschlossen. Ich fand ihn damals ruhig und schüchtern. Er hatte kaum Einfluß auf das Gruppengeschehen – obgleich er physisch stärker war als die anderen und ihm, als dem Älteren, nach den Normen der türkischen Kultur auf jeden Fall Einfluß und Autorität zugestanden hätten. Die Jugendlichen, mit denen zusammen er dann verurteilt wurde, lehnten ihn damals noch ab; erst ein Jahr vor der Vergewaltigung konnte er sich ihnen anschließen. Sein Status unter den Gleichaltrigen war noch schwieriger als der unter den Jüngeren. Fremden gegenüber, Sozialarbeitern beispielsweise, die er noch nicht lange kannte, war er mißtrauisch.

Ahmeds Schwierigkeiten hatten in der frühen Kindheit begonnen. Er lebte bis zu seinem zwölften Lebensjahr im Dorf Beyköy, Provinz Afyon. Ein Dorf mit 300 Einwohnern; Weizenanbau hauptsächlich zur Deckung des Eigenbedarfs, keine Einkommen aus dem Verkauf von Überschuß-Produkten. Nach dem Bericht seiner Eltern sei seine Entwicklung bis zum dritten Lebensjahr normal verlaufen. (Im Alter von einem Jahr konnte er seine Darmfunktionen beherrschen). Dann jedoch wurde er für eine Zeit zu seinem Onkel gegeben, weil die Mutter ins Krankenhaus und der Vater verreisen mußte. Als die Familie wieder beisammen war, wachte Ahmed nachts regelmäßig auf, schlug wild um sich, wehrte imaginäre Katzen und Schlangen ab und näßte das Bett. Die Eltern können nur naturalistische Vermutungen über den Schock äußern, den das Kind während ihrer Abwesenheit erlitten haben mußte: Vielleicht, meinte die Mutter, haben andere Kinder Ahmed eine Schlange in den Arm gelegt oder mit einer toten Katze nach ihm geworfen.

Die Eltern versuchten zunächst verschiedene traditionelle Heilmethoden, machten Wallfahrten und ließen Amulette anfertigen, mit geringem Erfolg. Die Symptome verschwanden erst, als ein *Hoca* (ein religiöser Lehrer, Geistlicher) mit Ahmed zwei Tage lang ununterbrochen betete. Drei Jahre schien das Kind geheilt, dann traten die Symptome erneut auf – anläßlich einer Situation, die der ursprünglichen ähnelt: Wieder waren die Eltern abwesend, diesmal bereits in der BRD, und Ahmed, damals elf Jahre alt, lebte wieder bei seinem Onkel. Er hatte beim Dorfhändler Süßigkeiten gekauft und auf den Namen des Onkels anschreiben lassen. Als der Onkel davon erfuhr, verprügelte er Ahmed: Da stellten sich die Angstphantasien wieder ein.

Im Augenblick hat Ahmed mehrmals im Jahr diese Anfälle.

Seine Eltern sind ratlos; wenn er einen Anfall bekommt, betet seine Mutter mit ihm, bis er sich beruhigt. Die Anfälle treten auf, wenn Ahmed sich in ungewohnter Umgebung aufhält, wenn er im Alltag mit unbekannten Situationen konfrontiert wird. Charakteristisch scheint mir folgendes Ereignis: Die Mutter gab dem damals 15jährigen Ahmed zehn Mark und schickte ihn Fleisch kaufen. Als er mit dem Fleisch in der Schlange vor der Kaufhauskasse wartete, bemerkte er, daß er das Geld verloren hatte. Er geriet in Panik und lief weg. Zwei Warenhausdetektive faßten ihn. Er war außerstande, sich zu erklären. Als er auf dem Polizeirevier gefragt wurde, ob er das Fleisch habe stehlen wollen, sagte er ja. Die Eltern erfuhren von dem Vorfall erst viel später, als ein Schreiben vom Gericht kam. In der Verhandlung konnte sich Ahmed dann erklären, was zu einer Verfahrenseinstellung ohne Auflagen führte. – Deshalb, sagte mir Herr Yasa, könne er nicht beurteilen, ob Ahmeds Aussagen zum Fall Petra Kaiser zutreffen oder nicht, denn unter Druck sei Ahmed zu jedem Geständnis bereit.

Ahmed hat sich im Gefängnis, nachdem sein Haftverschonungsantrag abgelehnt worden war, das Leben zu nehmen versucht. Seine Unfähigkeit, äußeren Druck zu ertragen, und seine Angstphantasien müssen die Untersuchungshaft zur Hölle gemacht haben.

Auch in dieser Familie ist der Vater die Hauptperson. Um seine Familie unterhalten zu können – er sagte, er habe 20 Personen versorgen müssen – emigrierte Herr Yasa 1966 nach Saarbrükken und zog von dort 1967 nach Berlin. Er war zunächst als Arbeiter bei verschiedenen Baufirmen beschäftigt, jetzt arbeitet er im Krankenhaus. 1969 holte er seine Frau und seine Tochter nach Berlin. Ahmed und Ismail blieben in der Türkei, bis Ahmed die fünfjährige Grundschule abgeschlossen hatte; 1971 folgten die beiden ihren Eltern.

Herr Yasa erschien mir als »harter« Geschäftsmann. Er berichtete ausführlich von den türkischen Unternehmungen, in die er das hier verdiente Geld investiert hat. Er kaufte Vieh, kam aber wieder davon ab, weil die Herde ihn gezwungen hätte, jedes Jahr seinen Urlaub in der Türkei zu verleben. Den Verkaufserlös investierte er in Grundstücke; neben Land im Dorf erwarb er Besitz in der Kreisstadt und eine Neubauwohnung. Er gestand mir nicht ohne Stolz, daß er die Stadtverwaltung mit dem Geschenk eines PKW hatte bestechen müssen. Er plante, 1980, wenn er seinen Rentenanspruch geltend machen kann, in die Türkei zurückzukehren.

Anders als Herr Kemal, der nur genug Geld verdienen will, damit er den Verpflichtungen seinem Sohn gegenüber nachkommen und im Alter nach den traditionellen Bedürfnissen leben kann, scheint bei Herrn Yasa die Akkumulation, die Expansion seiner Geschäfte Eigengewicht gewonnen zu haben, er dürfte sie auch nach seiner Rückkehr in die Türkei fortsetzen. Ich hatte den Eindruck, daß Herr Yasa bei seinen Geschäften keine Skrupel kennt, wenn er sich einen persönlichen Vorteil verspricht.

Von Herrn Yasa kam der Vorschlag, man solle den Eltern von Petra Kaiser Geld anbieten, damit sie die Anzeige zurückzögen. »Wenn ich dabei gewesen wäre, ich hätte mitgefickt«, hatte er die Vergewaltigung kommentiert. Bei einem Elterntreffen, als ich in Wut geriet über die Gleichmut, mit der die Eltern auf die Vergewaltigung reagierten, antwortete Herr Yasa: In Europa begegne man sowieso kaum einem Mädchen über 18, das noch Jungfrau sei. Bei »Straßenmädchen« – so bezeichnete er Frauen, die allein spazierengehen – sei der Fall sofort klar: Was habe denn eine Frau um Mitternacht auf der Straße zu suchen? Man könne ihm nicht einreden, daß sie nicht für jeden zu haben sei.

Dem entspricht durchaus, daß Herr Yasa die Vergewaltigung, aber auch einen freiwilligen Geschlechtsverkehr der eigenen Tochter als Katastrophe erleben würde: »Wenn meine Tochter verführt würde, wäre alles kaputt.« Er schränkt ihre Freiheit erheblich ein: »Ich lasse meine Tochter nicht draußen spazierengehen... Wenn meine Tochter draußen herumbummelt, und es passiert ihr etwas, dann ist es meine Schuld. Wenn sie draußen spazierengehen will, kann sie es zusammen mit ihrer Mutter tun, aber allein ist es unmöglich... Es ist nicht so, daß ich ihr nicht vertraue. Ich vertraue ihr. Aber wenn sie draußen spazierengeht, schaut sie einer an: ›Meine Sonne, meine Süße‹, sagte er. Sie ist jung. Wer weiß, ob sie sich nicht verliebt.« Stattdessen machen sie bei schönem Wetter Familienausflüge: »Gestern abend sind wir in die Hasenheide, haben ein Picknick gemacht. Sehr schön, etwas Käse, Gewürzgurken, Eis gekauft. Wir haben gegessen und haben geplaudert. Siehst du, so.«

Die Haltung ist mit dem Begriff »Doppelmoral« nur unzulänglich charakterisiert. Ihr unterliegt eine strikte Unterscheidung zwischen Innen und Außen. Der Bereich des Hauses, der Familie, in dem die Beziehungen ein Leben lang dauern und sich durch Autorität und Solidarität auszeichnen, steht dem sozialen Bereich gegenüber, in dem die Beziehungen ständig im Fluß sind und deshalb wesentlich geringere Bedeutung besitzen. Den Menschen in der Familie ist man verpflichtet, nach außen nehmen die Verpflichtungen ab. Prüfstein dessen, was als (ethisch) gut oder schlecht gilt, ist sein Nutzen bzw. Schaden für die Familie. Der Begriff dafür ist »Ehre« *(namus)*. Die Ehre eines Mannes gilt als befleckt, wenn jemand die Grenzen seiner Sphäre verletzt, sich den Frauen seines Hauses nähert oder ein Familienmitglied angreift. Dieser Ehrbegriff schließt aber keineswegs aus, daß man sich den Frauen eines anderen Hauses nähert. Die abstrakte Schuldfrage ist zweitrangig; die Angehörigen des eigenen Haushaltes muß man verteidigen, auch wenn sie nach abstrakten Maßstäben im Unrecht sind. Es gelten nur soziale Wahrheiten.

Der Sinn dieses Ehrbegriffs erschließt sich aus dem Kontext, in dem er entstanden ist, dem türkischen Dorf. Bei Herrn Yasa erscheint er jedoch in einem anderen Licht: Herr Yasa unterhält mit seinen Geschäften eine aggressive Beziehung zur Umwelt. Sich am Ehrbegriff zu orientieren, bedeutet hier weniger Selbstbehauptung als Legitimierung von Rücksichtslosigkeit: Im wesentlichen zählt nur die eigene Familie, Außenstehende können gebraucht und mißbraucht werden. Ich vermute, daß gerade deshalb Herr Yasa sich immer wieder auf den Ehrbegriff bezog, er betonte ihn wie sonst niemand unter den Eltern.

Neben der Unterscheidung von Innen und Außen schafft der Ehrbegriff eine prinzipielle Asymmetrie in Verhältnis von Mann und Frau. Die Ehre des Mannes ist zerstört, wenn jemand sexuelle Beziehungen zu den Frauen seiner Familie aufnimmt. Sie kann durch Gewalt wieder hergestellt werden. Wer keine Vergeltung übt, wenn seine *namus* befleckt ist, hat Schwäche gezeigt. Die Ehre des Mannes wird also mit Stärke assoziiert. Die Ehre der Frau ist entsprechend an sexuelle »Reinheit«, an Keuschheit geknüpft. Die Frau, die Geschlechtsverkehr außerhalb der Ehe hat, befleckt im Vollzug die Ehre des Mannes, der nicht stark genug war, sie zu hindern. Herr Yasa: »Wenn die Ehre meiner Tochter befleckt würde, wäre alles kaputt.« Die Umkehrung des Satzes stimmt nicht, von einem außerehelichen Geschlechtsverkehr des Mannes wird die Ehre seiner Frau nicht befleckt – so kann Herr Yasa offen über sexuelle Beziehungen zu deutschen Frauen sprechen. – Zu dieser komplizierten, das Verhältnis von Mann und Frau prägenden Assoziation von Ehrenhaftigkeit und Stärke gehört, daß sie umkehrbar ist: Eine Frau, die nachts ohne männlichen Schutz spazieren geht, also schwach ist, ist leicht für unehrenhaft zu erklären.

Wenn Herr Yasa den Ehrbegriff herausstreicht, so betont er zugleich die nach Alter und Geschlecht differenzierten Positionen innerhalb der Familie. Wer Härte nach außen zeigt, muß auch eindeutig Herr im eigenen Haus sein: »Meine Söhne sind gut geraten. Wenn ich hier am Tisch esse, essen sie in der Küche.« Wenn er sie auffordert, sich zu ihm zu setzen, finden sie eine Ausrede: »Ich sage: ›Mein Sohn, komm essen‹, und er sagt: ›Ich bin nicht hungrig.‹ Fünf Minuten später ißt er dann in der Küche. Das ist Achtung.« Herr Yasa spricht kaum mit seinen Söhnen, wie mir Ismail, der jüngere der Brüder, bestätigte. Der Vater hat ihnen beispielsweise nichts davon erzählt, daß er Grundstücke in Ihsaniye erworben hatte. Ismail erfuhr es bei einem Türkeiaufenthalt von anderen Bauern seines Dorfes. Auch mit seiner Frau dürfte Herr Yasa kaum sprechen. In dieser Hinsicht ist wohl ein Ratschlag aufschlußreich, den er mir eines Abends gab: »Heirate eine türkische Frau, das ist besser als eine deutsche Frau. Eine deutsche Frau bleibt zwei Jahre bei dir, dann läuft sie weg. Ja, deutsche Frauen sind intelligent, klug, aber sie sind nichts. Weißt du, eine türkische Frau sagt nichts. Ich mache Glücksspiele. An manchen Abenden verliere ich 1000,– DM. Ich komme heim, aber meine Frau sagt nichts.«

Doch ist seine Ehe keineswegs so unkompliziert: Ahmed erzählte einem Jugendgerichtshelfer, er habe mehrfach versucht, seinen Vater nachts aus Lokalen zu holen, weil seine Mutter, die sehr unter diesen Eskapaden gelitten hat, es wünschte. Insgesamt schienen mir die Söhne eher auf seiten der Mutter zu stehen. So wurde ich auch skeptisch gegen Herrn Yasas Version seiner dreijährigen Beziehung zu einer Deutschen: Die Frau habe drei Monate lang in seiner Wohnung gelebt; seine Frau, sagte er, und die Deutsche hätten sich gut verstanden, hätten nie »auch nur ein böses Wort über einander gesagt«. Aus der Beziehung zur Freundin stammt ein Kind, das bei einem Bruder Herrn Yasas in der Türkei aufwächst. Daß diese Freundin problemlos in die Familie integriert wurde, ist schon angesichts der beengten Wohnverhältnisse höchst unwahrscheinlich.

Auch hier verwaltet der Vater das Budget, Ismail und Ahmed liefern ihren Arbeitslohn ab und erhalten Taschengeld. Ahmed sagte zum Jugendgerichtshelfer, daß er unfähig sei, sein Geld selbst einzuteilen.

Auch bei Herrn Yasa ist die Versorgung der Söhne eine Triebfeder des Handelns. Anders als die Bauern in seinem Heimatort, anders auch als Herr Kemal wird Herr Yasa freilich seinen Söhnen mehr hinterlassen, als er selbst von seinem Vater geerbt hat. Daß er eine andere ökonomische Perspektive als die dörfliche verfolgt, bedeutet, wie gesagt, nicht, daß er die traditionalen Werte der Ehre und der Achtung aufgegeben hätte. Im Gegenteil: Der Ehrbegriff, der die Familie zum Maßstab des Handelns macht, rechtfertigt seine aggressive Haltung gegenüber der Außenwelt. Das taucht aber den Ehrbegriff in ein anderes Licht. Er wirkt zynisch und auch inadäquat im Westberliner Kontext, der die Sicherheit des einzelnen nicht durch seine Stärke oder den familiären Schutz verbürgt, in dem sich vielmehr auch »Schutzlose« frei bewegen können. Die deutsche Umwelt erscheint, im Licht des Ehrbegriffs, seltsam verzerrt: Die Frauen ehrlos, »sie sind nichts«, die Männer außerstande, ihre Ehre zu schützen, also schwach, irgendwie erbärmlich.

Schließlich bewirken Herrn Yasas Orientierungen, daß sich die Lage seiner Frau gegenüber der dörflichen verschlechtert hat. In der deutschen Großstadt kann sie sich nämlich schlechter wehren als im türkischen Dorf. Dort hat eine Frau ihr Leben lang Rückhalt bei ihren Eltern und Brüdern und kann zu ihnen fliehen, wenn die Ehe unerträglich geworden ist. Ihre Flucht hat Folgen, weil sie die ökonomische Reproduktion des ehelichen Hofes beeinträchtigt. Beides gilt in Berlin nicht mehr: Zu den Brüdern in der Türkei könnte Frau Yasa nur um den Preis des totalen Bruchs mit ihrem Mann zurückkehren; die Flucht ist zu aufwendig, um als Konfliktmittel in Betracht zu kommen. Dabei hätte sie nicht annähernd die Konsequenzen wie im Dorf. Ich halte es für ganz unwahrscheinlich, daß Frau Yasa im Dorf eine zweite Frau im Haushalt akzeptiert hätte, spätestens bei der Geburt eines Kindes wäre es zum Bruch gekommen, und sie hätte ihren Mann gezwungen, sich entweder für sie oder für die andere Frau zu entscheiden.

Ich denke, diese Familie litt an schweren, offenen wie verdeckten, Konflikten. Sie mögen es Ahmed schon unmöglich gemacht haben, jene kindlichen Traumen – worin auch immer sie bestanden – zu bearbeiten. Sein Verhalten außerhalb der Familie ist angstbesetzt, Fremden mißtraut er, bei seinen Freunden wagt er sich nicht durchzusetzen, aus Angst, ihre Zuneigung zu verlieren. Zu der Vergewaltigung erklärte er: er wisse nicht, ob er mit Petra Kaiser geschlafen habe, er sei zu betrunken gewesen. Ich glaube, er hat einfach getan, was alle anderen taten, um seine ohnehin prekäre Position in der *peer group* nicht weiter zu gefährden. Es ist höchst unwahrscheinlich, daß er das Mädchen von sich aus angesprochen hätte.

Damit Ahmed nicht einfach als Produkt einer schwierigen Familienkonstellation erscheint, möchte ich noch seinen Bruder Ismail charakterisieren. Die Brüder waren nämlich schon auf den ersten Blick bemerkenswert verschieden. Ismail wirkte selbstsicher; es war leicht, Kontakt zu ihm zu finden. Er genoß Ansehen in der Gruppe seiner Freunde. Im Jugendladen machte er Fotoarbeiten und spielte in der Fußballgruppe, eine Zeitlang betrieb er einen kleinen Ausschank, damit Fußballtrikots angeschafft werden konnten.

Auch für ihn war gewiß, daß er in die Türkei zurückkehren und die Zukunft an der Seite seines Vaters verbringen würde. Noch in der Schule erklärte er beispielsweise: er wolle keine Lehrstelle antreten, er wolle möglichst schnell Geld verdienen, um einen LKW zu kaufen, mit dem er sich an den Unternehmungen des Vaters beteiligen könne. Diesen Plan ließ er fallen, als ihm vom Arbeitsamt eine Lehrstelle als Galvaniseur vermittelt wurde. Dort wurde ihm freilich klar, daß er mit dieser hoch spezialisierten Tätigkeit in der Kleinstadt, in die seine Familie zurückkehren wollte, kein Geld hätte verdienen können. So gab er die Lehrstelle auf. Da das Arbeitsamt ihm keine neue vermitteln konnte, ging er in Kreuzberg von Laden zu Laden, bis er schließlich eine Halbtagsstelle in einem Fernsehgeschäft bekommen hatte. Im September 1979 fand er eine Lehrstelle als Bauschlosser.

Zunächst hielt ich Ismail für einen jungen Mann, der genau weiß, was er will und wo er hingehört. Doch war sein Verhältnis zur deutschen und zur türkischen Kultur durchaus prekär. Einerseits schienen seine türkischen Orientierungen sicher, seine Beziehung zu den Eltern folgte ganz den traditionalen Vorstellungen. Andererseits konnte er höchst befremdet aus der Türkei berichten: »Die Männer sitzen dort alle in den Kaffeehäusern herum und tun nichts«, erzählte er einem der deutschen Mädchen.

Noch aufschlußreicher fand ich die folgende Geschichte: Ein türkisches Mädchen hatte erzählt, daß sie für einige Tage von zu Hause ausgerissen war, weil ihre Eltern sich geweigert hatten, sie abends allein weggehen zu lassen; sie übernachtete bei den Eltern eines Freundes, abends besuchte sie regelmäßig das Jugendfreizeitheim. Inzwischen war sie aber nach Hause zurückgekehrt. Später fragte ich Ismail, was er von der Geschichte halte. »Sie ist ein schlechtes Mädchen«, sagte er, »läuft von zu Hause weg und so. Ich meine, selbst wenn man vom Vater halbtot geschlagen wird, darf man nicht von zu Hause weglaufen.« – »Nach türkischen Begriffen ist sie *namussuz* (ehrlos)?« – »Ja. Sie ist eine *orospu* (Hure).« – »Hier in Deutschland ist das aber anders. Was denkst du?« – »Ich denke nichts. Wenn ich in der Türkei bin, denke ich, es ist richtig, wie es dort ist. Und wenn ich hier bin, denke ich, es ist richtig, wie es hier ist. Ich denke nichts.«

Ismail kennt die Normen und Werte auch der deutschen Kultur gut genug, um sich sicher in ihr bewegen zu können. Während Erol Kemal aber keinen Zweifel an seiner türkischen Identität hat, bleibt Ismail unentschieden. Anders als Erol verteidigte er beispielsweise die türkischen Normen nicht, wenn sie von Deutschen in Frage gestellt wurden: Als er aufgefordert wurde, seine Schwester in die neugegründete Mädchengruppe zu schicken, weigerte er sich, konnte sich aber nicht erklären. Ich hatte den Eindruck, daß er über zwei Orientierungsschemata verfügte, die er nicht aufeinander beziehen konnte.

Mag sein, daß sich diese Unentschiedenheit aus der Ablehnung erklärt, mit der sein Vater der deutschen Kultur begegnet. Die Erfahrungen, die Ismail mit Deutschen machte, ließen sich mit den Urteilen des Vaters nicht in Einklang bringen. Es sind zum großen Teil Erfahrungen aus dem Jugendladen, den er seit seinem zehnten Lebensjahr fast jeden Nachmittag besuchte. Er war so gezwungen, sich mit zwei Bezugsgruppen auseinanderzusetzen, die ihm beide viel bedeuteten, die jedoch nicht nur unterschiedliche Werte vertraten, sondern sich auch gegenseitig ablehnten. Ismail bewältigte dieses Problem, indem er zwei Orientierungen entwickelte, die es ihm erlaubten, sich je nach Kontext angemessen zu verhalten, ohne eine prinzipielle Entscheidung treffen zu müssen. Sein Bruder Ahmed reagierte auf die Konstellation mit Rückzug und Mißtrauen – er ließ die Deutschen niemals so nahe an sich herankommen wie Ismail.

Zwei einander widersprechende Orientierungen können nur koexistieren, wenn sich die Bereiche, für die sie gelten, getrennt halten lassen. Schon die Aufforderung, seine Schwester in den Laden zu bringen, muß für Ismail eine unerträgliche Vermischung der beiden Bereiche bedeutet haben. Ein anderes Mal sah ich dies Problem, als ich die Familie zu Hause besuchte. Ismail blieb nur so lange bei seinem Vater und mir, wie es unbedingt erforderlich war, dann entschuldigte er sich und ging: Es war ihm peinlich, daß sein Vater mir arrogant und herablassend gegenübertrat. Auch hier ist der Unterschied zur Familie Kemal bemerkenswert. Für Erol war es kein Problem, wenn ein Deutscher mit ihm nach Hause kam, da der Vater die deutschen Werte zwar nicht teilte, sie aber auch nicht ablehnte.

In diesem Sinne widersprüchlich war auch Ismails Beziehung zu Hanne, einem der deutschen Mädchen, das den Jugendladen regelmäßig besuchte. Die Beziehung dauerte drei Monate, und Hanne erzählte mir später, sie habe nie gewußt, woran sie bei Ismail war. Einerseits sei er sehr zärtlich, dann aber kam er manchmal in den Laden und ignorierte sie völlig, und wenn sie ihn ansprach, reagierte er ungehalten. Vielleicht war es so, daß er zuweilen nicht wußte, ob er es mit seiner Freundin oder mit einer »ehrlosen Hure« zu tun hatte.

Ali Kaynar

Ali Kaynar ist zum Zeitpunkt des Verbrechens 17 Jahre alt und schon ein großer, kräftiger Mann. Doch wirkt er unbeholfen und hat Schwierigkeiten, sich auf deutsch verständlich zu machen. Die letzten eineinhalb Jahre war er arbeitslos.

Ali hatte in der Tatnacht Petra Kaiser angesprochen und in die Wohnung gebracht. Vor Gericht sagte er aus, Petra Kaiser sei freiwillig mitgekommen. Ich glaube, daß diese Aussage dem Eindruck entspricht, den Ali in der Tatnacht erhielt. Es stellt sich die Frage, wie Ali dazu kommen konnte. Außerdem stellt sich die Frage, weshalb er Petra Kaiser seinen Freunden überließ, als sie ihn fragten, ob sie auch mit ihr schlafen dürften. Den Regeln der türkischen Kultur hätte es eher entsprochen, wenn er den Wunsch abgeschlagen und erklärt hätte, Petra sei seine Freundin. Wer sich ihr nähert, greift seine Ehre an. Nach der Logik der Ehre ist es unerheblich, ob er – wie er behauptet – Petra Kaiser gefragt hat, ob sie einverstanden sei, oder ob – wie sie sagt – diese

Frage niemals gestellt wurde. Ali definierte Petra als ehrlos, als Hure und überließ sie den Freunden.

Die Familie Kaynar stammt aus dem Dorf Çamurdere in der osttürkischen Provinz Erzincan, sie lebte dort von der Landwirtschaft. Die Böden dieser Gegend sind unfruchtbar, die Aussaat-Ertrags-Relation liegt zwischen 1 : 2 und 1 : 4. Die Bauern sind zu arm, um Dünger zu kaufen; deshalb wächst das Getreide so dünn, daß man es nicht mit der Sense, sondern nur mit der Sichel ernten kann. Gepflügt wird mit dem Holzpflug. Das einzige Geldeinkommen stammt von Verwandten, die in die Großstädte, meist Ankara oder Istanbul, emigriert sind. In der ganzen Türkei östlich von Elâzığ findet sich keine Fabrik, in der die Bauern hinzuverdienen könnten. Die ärztliche Versorgung ist ungenügend; muß sie in Anspruch genommen werden, so ist die bäuerliche Familie in der Regel auf Jahre hinaus verschuldet. In manchen Wintern wird der Hunger zum Problem.

1969 verließen die Eltern das Dorf und zogen zunächst nach Mannheim, von dort nach Berlin. Die Kinder Ali (offiziell 1959, tatsächlich aber 1961 geboren[1], Memed (1962), Ayşe (1966) und Yüksel (1968) blieben bei ihren Großeltern, bis die Eltern 1971 eine geeignete Wohnung gefunden hatten. Ali hatte zu diesem Zeitpunkt das erste Jahr der Grundschule abgeschlossen. Weil beide Eltern berufstätig waren, versorgte der Großvater die Kinder. Zwei Jahre später, »als die Kinder alt genug waren«, kehrte er in die Türkei zurück. Ali war damals zwölf Jahre alt.

In der Berliner Schule kam Ali nicht zurecht. Er wurde mehrmals nicht versetzt und fand sich schließlich in derselben Klasse wie sein jüngerer Bruder Memed. 1976 wurde er wegen seines Alters aus der siebenten Klasse einer Hauptschule entlassen.

Das Leben der Eltern ist geprägt von ihrer Entscheidung, auf gar keinen Fall in ihr Dorf zurückzukehren. Sie arbeiten hart und verbissen, um genügend Geld zu verdienen, damit sie eine Exi-

[1] Die Bauern in den peripheren Dörfern der Türkei versäumen oft die Meldepflicht und lassen dann mehrere Kinder auf einmal registrieren. Dabei ergeben sich oft Differenzen zum tatsächlichen Alter, weil sich die Bauern bei ihren Angaben von augenblicklichen Interessen – anstehende Schulpflicht z. B. – leiten lassen.

stenz in Istanbul aufbauen können. Kürzlich hat Herr Kaynar ein Grundstück erworben, in einem der Randbezirke der Stadt. Er will dort ein Haus bauen und eine Stoffhandlung gründen. An diesem Ziel orientiert sich das ganze Familienleben; daraus erklärt sich, daß beide Eltern auch zu der Zeit arbeiteten, als die Kinder noch jung waren; es erklärt auch, weshalb eine Berufsausbildung für die Söhne niemals zur Diskussion stand, obwohl Memed ein gutes Abschlußzeugnis hatte und eine Lehrstelle hätte finden können. Im Augenblick ist es einfach wichtiger, Geld zu verdienen. Memed wird ohnehin in Zukunft an der Seite des Vaters im Laden arbeiten. Zur Zeit sind Memed und sein Vater bei *Aldi* angestellt.

Die Konsequenz und Härte, mit der vor allem der Vater das Ziel verfolgt, führten zum Bruch mit Ali, als der keine Arbeitsstelle finden bzw. halten konnte. Bis zu Alis Entlassung aus der Schule war ihr Verhältnis von Respekt und Autorität geprägt. Herr Kaynar: »Er war ein guter Sohn. Wenn ich gesagt habe: ›Bring mir die Schuhe!‹ brachte er mir die Schuhe. Wenn ich gesagt habe: ›Bring mir die Hose!‹ brachte er mir die Hose.«

Kontakte außerhalb der Familie hatte Ali damals kaum, er ging »von zu Hause in die Schule, von der Schule nach Hause« (Herr Kaynar). Probleme habe es damals nicht gegeben, sagen die Eltern. Auch Ali sagt, daß erst mit der Entlassung aus der Schule die Zerwürfnisse begannen. Denn es war ihm nicht möglich, eine kontinuierliche Arbeit zu finden. Nach vier Monaten Arbeitslosigkeit erhielt er eine Stelle als Transportarbeiter, wurde aber nach drei Wochen wieder entlassen. Mehrere andere Arbeitsstellen verlor er gleichfalls nach kurzer Zeit. Gewiß hat er sich verzweifelt bemüht, doch noch Arbeit zu finden. Der Vater jedenfalls übte zunehmend Druck aus. Eines Tages, Ali hatte wieder eine Arbeitsstelle verloren, verprügelte ihn der Vater so, daß er am ganzen Körper blaue Flecken hatte. Anfang 1977, nach dem neuerlichen Verlust einer Stelle, wagte er sich zum ersten Mal nicht nach Hause. Damit, sagen Vater wie Mutter, begann Alis Bruch mit dem Elternhaus.

Ich bezweifle, daß Ali die Konsequenz, mit der sein Vater sein

Ziel verfolgte, nachvollziehen konnte. Ali hat das Dorf nur als Kind erlebt und wird niemals deutlich die extremen Arbeitsbedingungen erfahren haben, die den Vater so dringend zur Landflucht motivieren.[1] Auch in dieser Familie hat der Vater seine Pläne niemals mit den Söhnen besprochen. Ali sagte vor Gericht: »Weiß ich nicht, was mein Vater will. Ich weiß nur, daß er in Istanbul eine Wohnung gekauft hat.« Die Schläge des Vaters erschienen Ali als nackte Willkür, allenfalls erklärbar durch Alkohol:[2] »Vater schlägt viel. Wenn er getrunken hat, wird er leicht wütend. Er kam aus dem Lokal (nach Hause). Er hat geschimpft: ›Du, Arschloch, warum bist du nicht im Bett?‹« Einmal hat ihn der Vater so verprügelt, daß er halbnackt zur Polizei geflohen ist. Es kommt Ali so vor, als richte sich die väterliche Wut immer nur auf ihn: Seine Geschwister seien niemals geschlagen worden, sagte er vor Gericht.

So zog er sich aus der Familie zurück und besuchte immer häufiger das Jugendfreizeitheim, wo er mit Jugendlichen zusammenkam, die weit weniger unter elterlichem Druck standen. Seine Eltern machen diese Jugendlichen, insbesondere einen deutschen und einen griechischen Freund, dafür verantwortlich, daß Ali sich mehr und mehr den Forderungen seines Vaters entzog. Sie interpretierten es als Verweigerung von Respekt *(saygı)*, den er dem Vater schulde. So verstand der Vater die folgende Episode: Eines der jüngeren Geschwister war krank geworden. Der Vater wollte mit ihm ins Krankenhaus fahren und kam ins Jugendfreizeitheim: Ali soll nach Hause gehen und während seiner Abwesenheit auf die Mutter achten. Ali lehnte ab. Der Vater beharrte: »Mein Sohn, dein Bruder ist krank.« Darauf Ali: »Ich bin volljährig und kann machen, was ich will.« Der Vater schlug ihn.

1 Als ich Frau Kaynar nach ihrer Arbeit in der Metallfabrik fragte, sagte sie nur: »Hier ist die Arbeit sauber, den ganzen Tag keine Sonne«; die Arbeit in ihrem Dorf ist staubig und muß bei großer Hitze verrichtet werden.

2 Die Familie Kaynar ist alevitisch, sie gehört einer Religionsgruppe an, die sich im Gegensatz zur »Sunna«, zur Orthodoxie stellt. »Innerlichkeit« wird hier mehr betont als in der stärker am Ritual orientierten Sunna. Im Alevitentum ist der Weingenuß erlaubt.

Der Vater konnte weder sich noch Ali fragen, warum der den Respekt verweigerte. Der Regelbruch war klar; seine Motivation verdiente kein Interesse. So entstand ein Teufelskreis aus Prügeln, Rückzug und neuen Prügeln.

Man kann darin die Logik wiedererkennen, der auch Herr Kemal mit seiner Einschätzung von Ahmed Yasas Selbstmordversuch folgte. *Was* den einzelnen zu einer Handlung veranlaßt haben könnte, wird nicht gefragt, wichtig sind die sozialen Folgen. Der Selbstmordversuch war abzulehnen, weil er weder den Staatsanwalt rühren, noch Haftverschonung bringen konnte; die Widerborstigkeit Alis ist zu verurteilen, weil sie die Regeln verletzt, die das Verhältnis von Vater und Sohn bestimmen. Auf abweichendes Verhalten kann nur mit Druck oder Zwang reagiert werden. Prügel sind selbstverständlicher Bestandteil väterlicher Erziehungsbemühungen. Der Ausdruck »terbiye vermek« – wörtlich: »Erziehung geben« – wird im Dorf synonym mit »schlagen« gebraucht.

Zum Hintergrund eines solchen Stils gehört sicherlich, daß Herr Kaynar als Bauer in Ostanatolien den Zwang zur Kooperation erfahren hat. Wer seinen Beitrag zur ökonomischen Reproduktion der Familie verweigert, setzt die physische Existenz aller Familienangehörigen aufs Spiel. Wichtig ist, *daß* der Beitrag geleistet wird, die subjektiven Motive sind irrelevant. Sie in Betracht ziehen hieße, die Existenz der Familie von den Wünschen einzelner abhängig zu machen. Diese Logik wird dadurch bekräftigt, daß das Familienziel der Kaynars auch weiterhin Kooperation erzwingt. Ali gefährdet das Familienunternehmen in Istanbul. Er könne sich von Ali doch nicht die ganze Familie kaputtmachen lassen, sagte Herr Kaynar.

Mitte 1977 floh Ali Kaynar aus seiner Familie und war drei Monate auf Trebe. Dann versuchte er wieder zu Hause zu leben, aber nach zwei Wochen brachen die alten Konflikte erneut auf. »Ich brauchte nur eine Stunde zu spät zu kommen«, sagte Ali vor Gericht »dann wurde ich wieder geschlagen«. Er lief das zweite Mal davon.

Der Vater hatte versucht, ihn zur Rückkehr in die Türkei zu bewegen, hier habe er doch ohnehin keine Arbeit. Aber Ali weigerte sich. »In der Türkei konnte ich nicht leben, da war ja niemand da«, erklärte er in der Gerichtsverhandlung. 1974 sei er das letzte Mal mit der Familie im Heimatdorf gewesen, schon damals habe er mit niemandem gesprochen. Ali machte dafür den Vater verantwortlich: »Sogar im Dorf hat er mich in Gegenwart anderer geschlagen, dafür habe ich mich sehr geschämt.«

Der Konflikt zwischen Vater und Sohn spitzte sich so zu, daß Herr Kaynar zu fürchten begann, Ali könnte zurückschlagen. Schließlich erklärte Herr Kaynar, Ali sei nicht mehr sein Sohn. Die Mutter hielt, meist über den Bruder Memed, manchmal aber auch unmittelbar, auf jeden Fall ohne Wissen des Vaters die Beziehung zu Ali aufrecht. Sie ließ ihm manchmal Geld zukommen und wusch ihm die Wäsche. Der Betreuer im Jugendfreizeitheim sollte dem Vater nichts sagen. Auch an den Elternabenden, die wir nach der Verhaftung organisierten, nahmen nur die Mutter und Memed teil, der Vater weigerte sich sogar, einen Rechtsanwalt zu nehmen, es blieb uns überlassen, einen zu besorgen. Herr Kaynar besuchte Ali weder in der Untersuchungshaft, noch erschien er beim Prozeß.[1]

Eineinhalb Jahre schlief Ali in Parkanlagen oder bei Bekannten. Gelegentlich, wenn der Vater nicht zu Hause war, besuchte er die Mutter, schlief dort einige Stunden, aß etwas, mußte jedoch in ständiger Sorge sein, daß der Vater zurückkehren könnte. In seiner Geldnot verkaufte er sich auf dem Kreuzberger Homosexuellen-Strich. Zweimal wurde er bei Einbruchsversuchen von der Polizei gefaßt.

Alis Flucht folgt – wie Frau Kaynars heimlicher Kontakt zu ihrem Sohn – der Logik der Familienbeziehungen. Gespräche sind selten in diesen Familien. Der Wert der Achtung, der in ihnen gilt, erlaubt kein Widersprechen, denn das hieße eine Beziehung von gleich zu gleich herstellen. Auch ist die subjektive Motiva-

[1] Daß Herr Kaynar auch nach der Verhaftung Alis nicht einlenkte, insbesondere sich nicht um einen Rechtsbeistand kümmerte, wurde von anderen Eltern kritisiert. Bei Konflikten mit Dritten, hier dem Staat, fordert es der Ehrbegriff, füreinander einzustehen, auch wenn tiefe Familienkonflikte existieren.

tion dem Blick entzogen. Wenn anläßlich von Konflikten überhaupt Gespräche stattfinden, erschöpfen sie sich in Appellen an die Verpflichtungen, die ein Sohn seinen Eltern gegenüber hat, es wird z. B. an die Pflicht zur Dankbarkeit erinnert.

Konflikte werden anders gelöst. Eine Form der Bewältigung kann man bei der Familie Kemal studieren. Ein Konflikt über den Alkoholkonsum entsteht nicht, weil Erol Situationen ausgrenzt, in denen er trinken darf. Alles ist in Ordnung, solange Erol vor dem Vater verbergen kann, daß er getrunken hat: so darf er dem Vater nicht betrunken gegenübertreten. Heimlichkeit ist das wichtigste Mittel der Ausgrenzung. Nur vor dem Hintergrund der deutschen Normen scheint Erol seinen Vater zu hintergehen. Nach der türkischen Auffassung hat er seine Beziehung zum Vater keineswegs infrage gestellt, im Gegenteil, er hat sie bekräftigt. Wenn man eine Regel umgeht, problematisiert man sie nicht, sondern betont, daß sie in einem bestimmten Kontext Gültigkeit besitzt. Nach demselben Muster kann Frau Kaynar den Konflikt zwischen ihrer Zuneigung zu ihrem Sohn und der Achtung vor ihrem Mann bewältigen. Durch den heimlichen Kontakt hat sie beides miteinander vereinbart.

Das Ausgrenzen durch Verheimlichen kann jedoch an manchen Situationen scheitern. Eine solche Situation war gegeben, als ein Verteidiger bestellt werden mußte: Er hätte ohne Wissen des Mannes nicht bezahlt werden können, denn diese Kosten übersteigen bei weitem das kleine Budget, das die Frauen vom Haushaltsgeld abzuzweigen pflegen. Eine Grenze war auch erreicht, als der Vater mit Nachdruck, mit Gewalt die Mitarbeit Alis am Familienziel forderte, hier war Ausweichen nicht mehr möglich. Die Flucht ist eine der traditionalen Formen, auf solche Situationen zu reagieren. Für Ehefrauen in der Türkei ist sie ein zwar drastisches, aber durchaus noch anerkanntes Mittel. Die Flucht von Söhnen zu Verwandten in die Stadt kommt kaum seltener vor: Auch Herr Kaynar ist in seiner Jugend von zu Hause geflohen. Die Väter wissen, daß die Söhne und Frauen dies Konfliktmittel einsetzen können, und sie bemühen sich im allgemeinen, Konflikte nicht zu überreizen. Allerdings läßt sich in der Türkei die

Flucht leichter bewerkstelligen, denn jeder hat Verwandte in der Großstadt, bei denen er ohne Schwierigkeiten eine Zeitlang leben kann, und es gibt genügend Gelegenheitsarbeiten, mit denen kleine Summen zu verdienen sind.

Hier begann Alis eigentliches Problem, denn in Berlin hatte er keine Verwandten, bei denen er versorgt gewesen wäre; um an Geld zu kommen, mußte er sich prostituieren oder stehlen. In Berlin war er heimatlos und ohne Perspektive. Einer der Väter charakterisierte ihn als »dumm, ohne Familie und ohne Freunde«.

Ungefähr ein halbes Jahr vor der Vergewaltigung hatte Ali sich der Gruppe angeschlossen, die mit ihm in den Fall verstrickt war. Er hatte sie schließlich im Jugendfreizeitheim kennengelernt, seine Irrfahrt schien vorbei: »Dies alles hat ein Ende gefunden, als ich die Freunde hier kennengelernt habe.« Sie haben ihn in der Frankestraße schlafen lassen. »Die Zeit«, sagte er vor Gericht, »die ich als schlecht bezeichnen würde, war vorbei.«

Schlecht war gleichwohl Alis Status in der Gruppe, er wurde von den anderen Jugendlichen nie völlig akzeptiert, er war immer wieder Zielscheibe ihres Spottes. Wenn die Gruppe ein Opfer für kollektive Aggressionen suchte, war es gewöhnlich Ali. Die anderen pflegten ihn als »deli« – verrückt – zu bezeichnen, ein Wort, das im Türkischen alle Formen abweichenden Verhaltens meint. Die Jugendlichen bezogen es auf Alis Aggressivität wie auf seinen Umgang mit Homosexuellen. Ali litt unter dieser Charakterisierung, und als der Staatsanwalt ihn vor Gericht darauf ansprach, verbarg er den Kopf in den Händen, während die anderen grinsten.

Ich halte es für unwahrscheinlich, daß Ali in der Tatnacht, als er Petra Kaiser auf dem Hermannplatz traf, von ihr annahm, was ihm der Staatsanwalt unterstellte: »Hier ist ein Mädchen, mit dem man es machen kann.« Dagegen spricht schon, daß er Petra zunächst zu dem griechischen Lokal brachte, um sie Orhan Dümen vorzustellen: So handelt kaum jemand, der zielstrebig darauf aus ist, eine Frau zu vergewaltigen. Auch Alis Vorstellung, Petra Kaiser, mit der er kaum ein Wort gewechselt hatte, könnte als Frau für Orhan in Betracht kommen, ist merkwürdig: Hier, wie auch später, als er Petra Kaiser den Freunden zum Geschlechtsverkehr überließ, schien es ihm in erster Linie um seinen Status in der *peer group* zu gehen, er hoffte ihn zu verbessern, indem er Zubringerdienste leistete. Die Hoffnung trog allerdings. Seine Haltung wurde als Schwäche ausgelegt.

Es kommt mir so vor, als habe sich Alis Absicht, mit Petra Kaiser zu schlafen, erst im Laufe der Zeit entwickelt. Sehr wahrscheinlich, daß dieser Gedanke mit Angst besetzt war, denn auch für ihn war es der erste sexuelle Kontakt mit einer Frau. Daß sich die Absicht bildete, dürfte mit den Kategorien zusammenhängen, nach denen er ihr Verhalten interpretierte – darauf komme ich noch zurück.

Rüstem Tahir

Rüstem Tahir, zur Zeit des Verbrechens 21 Jahre alt, ist vor fünf Jahren von seinem Vater nach Berlin geholt worden. Er war Schweißer. Der Vater, vor seiner Migration Bauer in einer Kreisstadt (20000 Einwohner) der Provinz Konya, hatte ihm diese Ausbildung an der dortigen Berufsschule *(sanat okulu)* finanziert. Drei Monate nach Rüstem kam auch sein Bruder Ismail, ein Jahr später die Mutter. Die Eltern kehrten 1975, nachdem der Vater sich mehreren Magenoperationen hatte unterziehen müssen, nach Konya zurück. Die Brüder blieben hier, sie wohnen zusammen in einer Zweizimmerwohnung, in einem Hinterhaus in Schöneberg.

Rüstem und Erol Kemal lernten sich über ihre Väter kennen, die beide aus Konya stammen und deshalb Kontakt miteinander pflegten. Über Erol kam Rüstem auch in den Jugendladen, wo ich ihn 1975 kennenlernte. Seine Gesten, seine Scherze, auch sein Gesichtsausdruck erinnerten mich lebhaft an die jungen Bauern, die ich in Anatolien kennengelernt habe. Er kleidet sich nicht so betont elegant wie Erol oder Veli Aksoy; im Kreis seiner Freunde verhält er sich meist zurückhaltend, ruhig und beobachtend, doch wird er bestimmt und entschieden, wenn es ihm ernst ist. Er zeigt oft überraschende Ironie. Er ist beliebt bei seinen Freunden, gilt als jemand, auf den man sich verlassen kann. Sein Wort zählt.

Ganz anders steht es um sein Verhältnis zu den Deutschen. Er wandte sich nur selten an die Betreuer im Jugendladen; wenn er etwas wollte, pflegte er sie über andere, meist über Erol, anzusprechen. Als er bei einem Gruppeninterview von seinen Erfahrungen in Deutschland erzählen sollte, schwieg er schüchtern, ließ es aber zu, daß Erol über ihn berichtete; als er sich später doch noch an dem Gespräch beteiligte, mußte Erol für ihn dolmetschen. Auch sonst wirkte er freundlich, doch sehr zurückhaltend, fast verschlossen. Ich fühlte immer Fremdheit, wenn ich mit ihm zusammen war.

Daß er im Umgang mit den Freunden ruhig und sicher, Deutschen gegenüber aber scheu und zurückhaltend war: ich erklärte mir diese Diskrepanz daraus, daß er, verglichen mit seinen Freunden, erst wesentlich kürzere Zeit hier verbracht hatte. Er kam als 16jähriger und nahm, ohne Umweg über die Schule, eine Arbeit auf. Er hatte weit weniger Möglichkeiten als seine Freunde, Deutsch zu lernen und mit der deutschen Kultur vertrauter zu werden.

Das, denke ich, machte ihn auch besonders verwundbar für Diskriminierungen. Er litt mehr unter ihnen als seine Freunde. Erol berichtete in dem Gruppeninterview: »Wir waren mit ihm bei den Borsigwerken, wollten Arbeit suchen. Da haben die gesagt: ›Vielleicht hast du dein Diplom in der Türkei mit Geld gekauft.‹ Einen Monat Schweißerkurs! Sie haben gesagt, wenn er hier ein Diplom kriegt, dann werden sie ihn nehmen. Und so ist er noch mal über drei Monate zu Hause geblieben, hat jeden Tag Arbeit gesucht. Jetzt hat er sie gefunden.« Rüstem war ungefähr neun Monate lang arbeitslos, bis er eine Arbeit als Schweißer fand, die er bis zu seiner Verhaftung behielt. Er verdiente 1800,– DM, die er zu Hause abgab. In dem Interview behauptete er, ihm werde regelmäßig die schlechtere Arbeit zugeteilt und man rede hinter seinem Rücken schlecht über ihn. Ich halte es für möglich, daß er überempfindlich reagierte. Auch können mangelnde Sprachbeherrschung und Unsicherheit in den Umgangsformen die Schwierigkeiten, sich in einer tendenziell feindlichen Umgebung zurechtzufinden, ungeheuer steigern.

Sein Bruder meint, Rüstem habe die negativen Erfahrungen verallgemeinert: »Weil der Meister schlecht war, waren alle Deutschen schlecht.« Einem türkischen Sozialarbeiter, der ihn im Gefängnis besuchte, erklärte Rüstem, er hasse die Deutschen, weil sie ihn am Arbeitsplatz schlecht behandelt hätten. Damit wollte er auch seine Beteiligung an der Vergewaltigung rechtfertigen. Vor Gericht hat er als einziger falsch ausgesagt – anders als in Gesprächen mit uns behauptete er, sich an nichts mehr zu erinnern. Ich verstand das als Beleg für die Distanz, die er zur deutschen Gesellschaft und ihren Institutionen empfindet.

Um so bemerkenswerter, daß Rüstem sich später weit deutlicher und explizierter als die anderen Jugendlichen von der Tat distanzierte. Hier dürfte sein Bruder Ismail eine außerordentlich wichtige Rolle gespielt haben. Ismail war, drei Monate nach Rüstem, als 19jähriger nach Berlin gekommen. Er hatte damals die zweite Klasse des Gymnasiums abgeschlossen.[1] Obwohl seine Ausbildung weit fortgeschritten war, hatte ihn der Vater von der Schule genommen, weil er sich wegen der politischen Situation, vor allem wegen sich häufender faschistischer Überfälle an den Schulen, Sorgen um das Leben des Sohnes machte, denn Ismail gehörte einer linken politischen Gruppe an. In Berlin begann er als Gabelstaplerfahrer zu arbeiten.

Als ich Ismail, noch vor dem Prozeß, besuchte, sagte er, er könne Rüstem nicht verstehen: »Es tut mir leid, es war einfach tierisch *(bir hayvancılık)*.« Verglichen mit der Indifferenz, die die anderen Eltern und Familienangehörigen zeigten, war das höchst bemerkenswert: Sie sprachen allenfalls von einem »Fehler«, den die Jugendlichen begangen hatten, wenn sie nicht sogar

[1] Die Türkei hat ein Gesamtschulsystem. Nach der fünfjährigen Grundschule *(ilkokul)* und der dreiklassigen Mittelschule *(orta okul)* kann man das dreiklassige Gymnasium *(lise)* besuchen oder an der Berufsschule *(sanat okulu)* eine Berufsausbildung machen.

Petra Kaiser die Schuld gaben. – Hierher gehören noch andere Äußerungen Ismails. Ein 14jähriger Deutscher, sagte er mir, sei so reif wie ein 22jähriger Türke, denn ein Deutscher habe in der Schule und in der Familie gelernt, mit Mädchen umzugehen, mit ihnen zu sprechen, mit ihnen zärtlich zu sein, wenn beide es wollen. »Sie würden nicht zu vierzehn ein Mädchen überfallen.«

Sicher: Ismail idealisierte die deutschen Verhältnisse. Doch habe ich von keinem anderen eine Kritik des traditionalen Ehekonzeptes gehört. Seine Mutter, erzählt Ismail, habe ihm schon mehrere Frauen zum Heiraten vorgeschlagen. Er aber wolle nicht, denn diese Frauen kämen alle aus seiner Kreisstadt und hätten keinen Beruf. In der Ehe wären sie ökonomisch abhängig von ihm, könnten ihm also nicht widersprechen. Was aber solle er mit solchen Frauen? Es ist folgerichtig, daß er die türkischen Sitten bei der Eheschließung kritisiert: »Du gehst zu deinem Vater und sagst: ›Dieses Mädchen möchte ich haben‹, und er geht und bringt sie (zur Heirat). Natürlich, man sieht vorher, ob sie schön ist. Aber ihren Charakter sieht man nicht.«

Hierher gehören auch Ismails Überlegungen über den »Stolz« *(gurur)*, einen Wert, der eng verwandt ist mit dem der Ehre. Stolz, sagte er, sei eine ökonomische Kategorie. Habe man viel Geld, könne man auch stolz sein; sei man dagegen arm und hungrig, dann sei man unter Umständen zu einem Diebstahl gezwungen, müsse also gegen den eigenen Stolz handeln. Er selbst habe keinen Stolz, denn Stolz schließt auch aus, daß man zugibt, einen Fehler gemacht zu haben, oder akzeptiert, daß der andere einen Fehler gemacht hat. Stolz fordert Vergeltung, wenn er verletzt wurde, gleichgültig, welche Gründe die Verletzung hat. »Wenn jemand sagt, er habe einen Fehler gemacht«, sagte dagegen Ismail, »dann kann ich ihn nicht mehr schlagen.« Er kritisiert also die partikularistische Ethik, die mit den Begriffen von Stolz *(gurur)* und Ehre *(namus)* operiert und die bedingungslose Solidarität mit den Angehörigen der eigenen Gruppe fordert, ohne daß die Frage nach Schuld gestellt werden dürfte. Diese Frage aber muß, so Ismail, gestellt werden, man muß nach den Gründen fragen, die zu einem Handeln geführt haben. Es überrascht nicht, daß Ismail, als ich ihm von meinem Studium erzählte, sagte, so etwas wie Sozialwissenschaften hätte er auch gern studiert. Einerseits hatte er sich die Frage nach den »Motiven« eines Handelns zu eigen gemacht; andererseits hielt er sich strikt im Rahmen des gewissermaßen soziologischen Denkens seiner eigenen Kultur: Ismail, ebenso wie Herr Kemal und die anderen Eltern, stellten bei der Erklärung der Vergewaltigung nicht den »Charakter« oder die »Persönlichkeit« der Beteiligten in den Vordergrund, sondern die soziale Situation. Es seien die schlechten Freunde gewesen, die Jugend sei ein »bewegtes Alter« *(hareketli bir çağ)*, sie seien betrunken und in der Wohnung ohne äußere Kontrolle gewesen. Niemand begann konsequenterweise an dem »Charakter« der Jugendlichen zu zweifeln. Man verurteilte allenfalls die Tat, nie aber die Täter.

Auch wenn Ismail in der Fremde gelernt hatte, seine eigene Kultur distanziert zu sehen, er ließ doch keinen Zweifel daran, daß er Türke ist und in die Türkei zurückkehren will: Die menschlichen Beziehungen hier seien kalt, man habe kein Vertrauen zueinander, lasse sich z. B. für jede Kleinigkeit einen Schein oder eine Quittung ausstellen usw. Noch wichtiger ist für ihn, in der Nähe der Eltern zu leben. Hier in Deutschland habe er zwar Freunde, aber er vermisse seine Eltern.

Ich fragte Ismail, wie der Vater zu seinen politischen Überzeugungen stehe. Ismail machte eine Geste der Abwehr: Der Vater wolle davon nichts wissen. – Auch in dieser Familie wird also ausgeklammert. Der Verzicht auf Kommunikation und »Ausdiskutieren« heißt aber eben auch, daß man einander Bereiche zugesteht, in die man sich nicht einmischt.[1] Das schließt sehr enge Gefühlsbindungen nicht notwendigerweise aus, Bindungen, die auch tiefgreifende Differenzen überspielen. In diesem Fall berührten die Differenzen sogar die Familie direkt, da Ismail die

[1] Der türkische Begriff ist *karışmak*. »O karışmaz« – »er mischt sich nicht ein«, sagt man im Dorf gelegentlich, wenn man den positiven Charakter der Beziehung zum Vater betonen will. Umgekehrt gilt »Einmischen« als eine häufige Ursache für Konflikte zwischen den Generationen.

Frauen, die ihm seine Eltern vorschlugen, und die türkische Prozedur der Eheschließung überhaupt ablehnte.

Ich hatte den Eindruck, daß Rüstem sich stark an seinem Bruder orientierte und daß Ismail es andererseits für seine Pflicht hielt, sich um Rüstem zu kümmern. Er bemühe sich, sagte er, Rüstem und den anderen Jugendlichen klarzumachen, daß die Erfahrung in *einer* Fabrik, die Erfahrung mit *einem* Meister nicht verallgemeinert werden dürfe. Obwohl die Beziehung zwischen den Brüdern durch die traditionale Autorität des älteren geprägt ist, hat sie auch partnerschaftliche Aspekte: Die Brüder sprechen viel miteinander, bereiten zusammen das Essen, teilen sich, nach allem was ich beobachten konnte, gleichmäßig die Hausarbeit.

Veli Aksoy

An Veli Aksoy fiel mir immer die große Sorgfalt auf, mit der er sich kleidete. Zum Zeitpunkt des Verbrechens war er 22 Jahre alt. Im Prozeß wurde er von der Anklage der Vergewaltigung freigesprochen, doch wegen unterlassener Hilfeleistung zu neun Monaten Jugendstrafe verurteilt. Diese Strafe wurde zur Bewährung ausgesetzt.

Er muß in der Tatnacht stark betrunken gewesen sein: Die Jugendlichen berichteten, sie hätten ihn auf dem Weg vom Lokal zur Wohnung stützen müssen. Dort legte er sich auf das Bett neben Petra Kaiser und schlief offenbar sofort ein. Irgendwann, sagt er, sei er von Rüstem Tahir mit den Worten: »Geh doch in die Küche, da ist ein Mädchen«, geweckt worden. In der Küche traf er auf Petra und den erwachsenen Türken. Er – Veli – habe Petra gefragt, ob sie mit ihm schlafen wolle; sie habe abgewehrt und gesagt, alle anderen hätten bereits mit ihr geschlafen. So habe er sie in Frieden gelassen, doch sei der ältere Mann aufgestanden und habe sich an sie herangemacht. Sie habe versucht ihn zurückzustoßen und geschrien, und Veli sagte aus, er habe den Mann aufgefordert, das Mädchen in Ruhe zu lassen, doch der Mann habe nicht auf ihn gehört. Der Mann, so Veli, sei wesentlich stärker als er gewesen. Später belastete Veli – als einziger der Jugendlichen – Ali Kaynar: Er habe gesehen, wie Ali Petra Kaiser mit Lippenstift beschmiert und sie fotografiert habe. Er selber habe Petra Kaiser aufgefordert, mit ihm zu seiner Wohnung in die Sonnenallee zu kommen, damit sie sich waschen könne: Vor der Tür in der Frankestraße habe sie sich losgerissen und sei weggerannt. Veli ist dann in die Wohnung zurückgekehrt: Er habe sich geschämt, in seiner mit Erbrochenem besudelten Hose durch die Straßen zu gehen. Er ist dort eingeschlafen und erst von den Polizisten geweckt worden.

In der Tatnacht und während des Prozesses verhielt sich Veli anders als seine Freunde: Als einziger vergewaltigte er Petra Kaiser nicht und unternahm einen, wenn auch nur halbherzigen Versuch, den älteren Türken davon abzubringen; als einziger belastete er einen anderen der Angeklagten, Ali Kaynar. Sein Verhalten scheint mir nur sehr vordergründig bestimmt von den Faktoren, die während der Verhandlung zur Sprache kamen: seiner Trunkenheit, seiner »Ehrlichkeit« oder davon, daß er schwächer war als der »ältere Türke«. Was ihn bewegt haben dürfte, wird deutlicher, wenn wir seine Beziehung zur Mutter und zu den Freunden genauer untersuchen:

Veli ist das älteste von fünf Kindern, die aus der Ehe von Herrn Aksoy mit Ayşe Aksoy, heute Meyer, hervorgingen. Die Familie lebte in Akhisar, einer mittelgroßen Stadt in der Westtürkei. Die Mutter war im Alter von 14 Jahren mit dem mehr als 20 Jahre älteren Herrn Aksoy verheiratet worden, den Sitten entsprechend hatten die Eltern diese Heirat arrangiert, und Ayşe hatte ihren Mann vor der Hochzeit »weder gekannt, noch gesehen«. Ökonomisch ging es der Familie schlecht; der Vater, Sekretär in der Stadtverwaltung, verdiente nur das Allernotwendigste. Die Familie entschied deshalb, daß Frau Aksoy 1968 allein nach Deutschland gehen sollte: Ihr Mann konnte sie nicht begleiten, denn er hatte das Höchstalter, bis zu dem eine Arbeitserlaubnis erteilt wurde, bereits überschritten. Veli war damals zwölf Jahre alt.

Frauen, die sich allein aus der Obhut der Familie begeben, sind stigmatisiert. Weil sie nicht mehr unter der Kontrolle ihres Mannes oder eines Verwandten stehen, wird ihnen prophezeit, daß sie bald »an jedem Finger ihrer Hand einen Mann« haben werden. »Nur schlechte Frauen gehen nach Deutschland«, faßte Ayşe Meyer zusammen. Das Gerede der Nachbarschaft, der Zweifel an der Ehre der Frau – und damit der eigenen – hatten Herrn Aksoy bereits neun Monate später bewogen, seine Frau zurückzurufen, obwohl sich die ökonomische Situation der Familie nicht gebessert hatte. Wie er seinen Entschluß durchsetzte, illustriert noch einmal, was ich oben zu den Formen der Konfliktaustragung gesagt habe: Herr Aksoy teilte seiner Frau nämlich nicht mit, daß sie zurückkehren solle, und zwar endgültig. Vielmehr schrieb er nach Berlin, daß es Schwierigkeiten mit den Kindern gebe und daß deshalb Ayşes Anwesenheit dringend erforderlich sei. Bei ihrer Rückkehr entpuppte sich das als Vorwand –, um ihr den Rückflug unmöglich zu machen, hatte Herr Aksoy ihren Reisepaß und das Ticket versteckt. Auch hier wird also nicht ausdiskutiert, es werden Tatsachen geschaffen, mit denen der andere fertig werden muß. Auch Ayşe Meyer sieht darin nichts Außergewöhnliches, ihr Tonfall war »matter of fact«, als sie davon berichtete, frei von Entrüstung oder Empörung. Ich habe nicht erfahren, wie sie sich schließlich doch durchsetzen und nach Berlin zurückkommen konnte – mit zwei Monaten Verspätung.

Ihre Stellung war ihr, wegen des überzogenen Urlaubs, gekündigt worden. Doch fand sie einen neuen Arbeitsplatz und lernte dort Peter Meyer kennen, mit dem sie ein Jahr später zusammenzog. Sie reichte die Scheidung ein. Noch während die Scheidungsklage lief, wurde 1971 Edmund geboren; 1974 heiratete sie Peter Meyer, von dem sie noch ein zweites Kind, Edith, hat.

Auch die zweite, aus Liebe geschlossene Ehe ist schwierig verlaufen. Peter Meyer war unzuverlässig. Immer wieder ließ er Frau und Kinder wochenlang allein, ohne daß sie wußten, wo er sich aufhielt. Sie kamen in ökonomische Bedrängnis, einmal erlitt Frau Meyer einen Zusammenbruch und wurde in die Landesnervenheilanstalt eingewiesen: »Ich kam in die Nervenklinik.

Wir waren damals hungrig und ohne Geld, mein Mann kümmerte sich nicht um mich, und weil ich mich ans Sozialamt wandte, brachten sie mich in die Nervenklinik. Dort bin ich vierzehn Tage geblieben.«

Peter Meyer hat vor kurzem die Scheidung eingereicht. Ayşe Meyer will erst einwilligen, wenn ihr Einbürgerungsantrag positiv entschieden ist. Die Scheidungsabsichten hindern Herrn Meyer nicht, vorbeizukommen, mit ihr sprechen oder schlafen zu wollen. Er sitze dann auf dem Sofa, trinke und jammere, was für ein schlechter Mensch er sei. »Was soll ich machen, er hat einen Schlüssel. Ändere ich das Schloß, würde er vor der Tür lärmen, und die Nachbarn würden sich mit Recht beschweren. Die Polizei kann ich auch nicht holen, ich bin ja verheiratet.« Ihre Zukunft sieht Ayşe Meyer in Deutschland, wegen ihrer Kinder Edmund und Edith. Diese beiden Kinder sind ihr Lebensinhalt. »Ich habe zwei Männer gehabt, einen türkischen und einen deutschen. Beide waren schlecht. Jetzt bleibe ich alleine.«

Die Ehe mit dem Türken, eine von den Eltern geschlossene Zweckehe, unterschied sich zwar von der mit Peter Meyer, die nach unseren Begriffen eine Liebesehe war; beide Ehen sind aber gescheitert. Allgemeiner gesagt: Ayşe Meyer glaubt, die deutsche und türkische Kultur kennengelernt zu haben, keine ist der anderen überlegen, gut sind beide nicht. Man könnte ihre Haltung als »resignativen Pragmatismus« bezeichnen.

So sieht sie sich auch selbst. Wenn man so will, hat sich Ayşe Aksoy, als sie nach Deutschland kam, genau so verhalten, wie es das türkische Stereotyp unterstellt: Sie hat ihren Mann verlassen und ist, noch bevor sie von ihm geschieden war, mit Peter Meyer zusammengezogen. Nicht nur als Ehebruch ist dies eine Verletzung türkischer Normen, die Heirat einer türkischen Frau mit einem deutschen Mann wird ganz allgemein mißbilligt.[1] Man

[1] Was umgekehrt (türkischer Mann heiratet deutsche Frau) nicht gilt. Dieser Norm mag eine Ausweitung des Ehrbegriffs zugrunde liegen, der ja in erster Linie fordert, die Frauen der eigenen Gruppe zu schützen. Die Norm könnte aber auch die säkularisierte Form der islamischen Regel sein, die die Heirat einer muselmanischen Frau mit einem Christen oder Juden untersagt, nicht aber umgekehrt.

würde erwarten, daß Ayşe Meyer dazu Stellung bezieht: Sie könnte ihr Verhalten im Licht der türkischen Normen betrachten, sie müßte es dann ablehnen, Scham, Schuld, jedenfalls Selbstkritik zeigen; oder sie könnte ihr Verhalten rechtfertigen und müßte dann die türkischen Normen in Frage stellen. Ayşe tut aber keines von beidem. Als sie mir sehr bewegt erzählte, wie sie Peter Meyer kennengelernt hatte, schien mir dies ein Erlebnis zu sein, das nicht in allgemeinen moralischen Kategorien faßbar ist. Es war einfach etwas anderes.

Dabei weiß sie genau, wie ihr Handeln in der türkischen Umwelt eingeschätzt wird. Sie stellt sich auf die Interpretationen ein, zu denen ihre Vergangenheit wie ihre gegenwärtige Lage einladen: »Ein türkischer Mann betritt mir nicht das Haus. Du weißt, ich bin sowohl verheiratet als auch ledig; es ist also unmöglich.« Diese Zurückhaltung ist notwendig. Als sie Herrn Yasa gebeten hatte, Velis Wohnung nach dessen Verhaftung auszuräumen, hat er das zusammen mit einem Freund auch getan – habe ihr dann aber vorgeschlagen, den zweiten Mann wegzuschicken und ihn zu sich nach Hause einzuladen. Ein anderer Mann, den sie gebeten hatte, ihre Kohlen zu transportieren, hat ihr vorgeschlagen, statt des Lohnes mit ihm zu schlafen. Diese Erfahrungen bringen Ayşe jedoch nicht dazu, gegen die Normen und Werte, die diesen Interpretationen ihrer Lage zugrunde liegen, zu rebellieren: Die türkischen Männer sind eben so. Ganz im Sinn der türkischen Sexualmoral grenzt sie sich von einer türkischen Freundin, die einen neuen Freund hat, ab: »Wenn sie mit jemandem schlafen will, soll sie ihn heiraten.« Der Pragmatismus, der ihr Verhältnis zu den beiden Kulturen bestimmt, zeigte sich mir am deutlichsten daran, daß sie sich anstrengt, ihre Kinder Edmund und Edith als Deutsche aufwachsen zu lassen, daß sie sogar, so gut es geht, mit ihnen deutsch spricht – gleichzeitig fühlt sie sich aber verpflichtet, ihren Sohn Rüstem nach den türkischen Sitten zu verheiraten.

Dies könnte eine vierte Form der Auseinandersetzung mit der deutschen Kultur sein. Ähnlich wie Herr Kemal und Ismail Tahir akzeptiert sie diese Kultur als der türkischen ebenbürtig. Anders als Herrn Kemal, ist sie ihr aber nicht gleichgültig, sie kann sich deshalb nicht so konsequent wie er an türkischen Normen orientieren. Anders als Ismail Tahir versucht sie aber auch nicht, die Unterschiede zwischen beiden Gesellschaften zu fassen und aus dem Vergleich zur Kritik sowohl türkischer wie auch deutscher Normen zu gelangen. Sie scheint deutsche und türkische Normen anzuerkennen, wie man Naturgesetze anerkennt, weil man an ihnen nichts ändern kann. Man muß ihre Geltung berücksichtigen, ohne daß man ihnen aber persönlich verpflichtet wäre.

Ayşe Meyers Urteile und Aussagen zu dem Fall Petra Kaiser wären deshalb nur gewaltsam auf einen Nenner zu bringen. So zeigt sie einerseits Mitleid mit dem Mädchen, verurteilt die Jugendlichen: »In meinen Augen ist dies überhaupt nicht gut. Überhaupt nicht. 14 Männer. Wenn dies tatsächlich so passiert ist, 14 Männer ein Mädchen vergewaltigt haben, wenn es also tatsächlich sich so zugetragen hat, sollen sie ihre Strafe erhalten, die ihnen von Rechts wegen zusteht. Wenn 14 Männer in einer Nacht, innerhalb von drei Stunden ein Mädchen vergewaltigen, dann fällt dieses Mädchen sowieso in den Zustand des Komas.« Hierher gehören auch die folgenden Sätze: »Sie kann Jungfrau gewesen sein, also ich spreche nicht so niedrig von ihr wie die Eltern der anderen Jugendlichen. Nein, kann eine Deutsche denn nicht Jungfrau bleiben, bis sie achtzehn Jahre alt ist? Warum sollte sie denn nicht?«

Sie kritisiert also die Zuschreibungen, die Petra Kaiser von vornherein zur »orospu« – zur Hure – stempeln, doch sagt sie zehn Minuten später: »Aber nach dem, was ich gehört habe, war sie ein Straßenmädchen. Man sagt, daß sehr viele Männer zu ihr gegangen sind. Der Bräutigam einer Freundin arbeitet in einem Lokal. Dort hat man es gesagt. Ich bringe dir dafür Zeugen, wenn du willst.« Noch deutlicher sind die folgenden Sätze: »Könnten Sie mich jetzt wegschleppen, Herr Werner? Wenn ich nicht von selber gehe, kann mich niemand wegbringen. Sie zum Beispiel hätten, wenn ich Sie nicht eingeladen und hereingelassen hätte, mit Gewalt nicht eindringen können. Also, wenn das Mädchen nicht einverstanden gewesen wäre... Was hat man überhaupt nachts um eins auf der Straße zu suchen? Gut, es ist möglich, daß man spazierengeht – also, wenn man nicht einverstanden ist, wie können sie einen dann wegschleppen?« Mit diesen Interpretationen steht sie den anderen Eltern sehr nahe. Sie lassen nicht erkennen, daß Ayşe Meyer durchaus eigene Erfahrungen mit solchen Zuschreibungsprozessen gemacht hat.

Als ihr Sohn Veli Aksoy sie 1973 bat, ihn nach Berlin nachkommen zu lassen, erfüllte sie diesen Wunsch sofort. Er zog mit ihr, Herrn Meyer und Edmund zusammen. Das Verhältnis Velis zu Peter Meyer sei sehr gut gewesen, sagt seine Mutter. Veli begann damals am Waldfriedhof in Zehlendorf zu arbeiten, und obwohl ihm dort eine Wohnung zur Verfügung stand – in einer Baracke, ein Zimmer, Küche, Zentralheizung –, blieb er bei seiner Mutter und ihrem Mann wohnen. »Nur freitags hielt er sich manchmal dort auf, oder auch tagsüber. Er aß dort zu Mittag, aber zum Abendessen kam er regelmäßig nach Hause. Er gab mir 150 Mark in der Woche, weil er bei mir wohnte, 150 Mark Essensgeld gab er mir.«

Seine Wohnung am Waldfriedhof nutzte er hauptsächlich als Treffpunkt für sich und seine Freunde. Als die Meyers 1977 nach Britz zogen, übernahm Veli die Wohnung in der Nähe des Hermannplatzes. Die Mutter besuchte er auch weiterhin. Sie spricht mit großer Zärtlichkeit von ihm. »Veli war ein ganz anderes Kind, Herr Werner, wie soll ich dir das erklären, vielleicht erscheint es wie eine Lüge, im ganzen Leben gibt es kein Kind, das so wie er auf die Welt kam. So aufrecht ist er.« Sie nimmt ihn bedingungslos in Schutz. So gegen den Vorwurf, der in den Augen der türkischen Verwandten sehr schwer wiegt, daß er Ali Kaynar belaste: »Niemand belastet irgend jemanden... Er hat wie jeder andere seine Aussage gemacht... Aber als Veli wieder nach Moabit zurückkam, kam er während der Pause, zwischen zehn und elf Uhr. Dieser Ali, der ›verrückte‹ *(deli)* Ali konnte es nicht lassen zu reden, schimpfte in jeder erdenklichen Weise, schrie herum: ›Warum hast du dort wahr ausgesagt?‹ Warum soll er denn falsch aussagen, mein Sohn? Er sagte, was dort vorgefallen ist... Aber weil es die Wahrheit gesagt hat, wird mein Kind dort belästigt.«

Auch diese Zärtlichkeit und Anhänglichkeit bedeutet freilich nicht, daß Mutter und Sohn viel miteinander gesprochen hätten. Die Mutter, schien mir, wußte sogar auffallend wenig von ihm, konnte beispielsweise nicht sagen, ob er eine Freundin hatte, sie war nur sicher, daß sie ihn »nie mit einem Mädchen gesehen habe«. Als Veli 1977 wegen versuchten Einbruchs angeklagt wurde, erfuhr sie das nicht von ihm, sondern von einem seiner Freunde. Was zwischen Mutter und Sohn tatsächlich gesprochen wurde, das entnahm ich vor allem zwei Interviewpassagen. Über den Vormittag vor der Vergewaltigung berichtete Ayşe Meyer: »›Mutter‹, sagte er, ›gib mir 30 Mark, es ist Bekirs Geburtstag, wir Freunde sammeln Geld, um ein Geschenk zu kaufen.‹ Er zog sich an, wusch sich, war ganz aufgeregt. ›*Allah ısmarladık* (Gott befohlen), Mutter‹, sagte er, ließ alles stehen und ging. ›Mein Sohn‹, sagte ich, ›trink nicht viel Alkohol, stell nichts an, ruf mich morgen früh nochmals an, sag Bekir zu seinem Geburtstag viele Glückwünsche.‹ ›In Ordnung, Mutter, sorg dich nicht‹, sagte er, ließ alles liegen und ging.« Solche Ermahnungen der Mutter scheinen mir typisch für die Unterhaltungen zwischen Mutter und Sohn. Das Gespräch bekräftigt ihre Gefühle füreinander, inhaltlich wird wenig ausgetauscht. Aufschlußreich schien mir auch, wie sich die Mutter ein Gespräch über die Vergewaltigung vorstellte: »... und dann, was soll ich meinem Kind denn sagen? Unmöglich: ›Das hast du gut gemacht, du hast dies begangen, hast ein Verbrechen begangen, es ist schön geworden.‹ Das kann ich doch ganz entschieden nicht zu meinem Kind sagen. Als Mutter muß ich immer sagen: ›Warum hast du das gemacht? Wenn du es gemacht hast, mach es nicht mehr, du bist jetzt hier (ins Gefängnis) hereingekommen, ist es denn hier gut?‹ Ich muß ihm Vernunft einbläuen.« Um Verständnis und Nachvollzug geht es hier nicht. Was sich Ayşe vorstellt, hat den Charakter einer allgemeinen Predigt, sozusagen *die* Predigt *der* Mutter. Wichtig ist ihr dabei, *daß* etwas gesagt und damit zu verstehen gegeben wird, daß die Beziehung zu ihrem Sohn aufrechterhalten bleibt.

Das wirkt traditional. Ebenso, wie Ayşe Meyer ihre Pflichten als *türkische* Mutter ernst nimmt und Veli zu verheiraten versucht. »›Mein Kind, du bist erwachsen, vom Militär bist du zurückgestellt und hier Arbeiter. Als deine Mutter muß ich dich nach türkischem Brauch verheiraten. Für dein Leiden bin ich verantwortlich. Man wird mich zur Rede stellen.‹«

Hier ging es um den zweiten Versuch; die erste Verlobung, die sie arrangiert hatte, war in die Brüche gegangen. »Die Mutter und der Vater (des Mädchens) wollten Veli, auch das Mädchen wollte ihn. Aber nach der Verlobung, vier Wochen später, kam ich in die Nervenklinik... Als ich dorthin gekommen war, geht mein Sohn zu seiner Schwiegermutter und sagt zu ihr: ›Meine Mutter ist im Krankenhaus. So und so hat es sich zugetragen.‹ Zu der Zeit kamen die Papiere für die Hochzeit aus der Türkei. Sie wollten Hochzeit feiern. Da sagte mein Sohn: ›Laßt uns ein bißchen warten, meine Mutter soll zuerst entlassen werden, meine Mutter hat große Ausgaben gehabt‹, und: ›Mein Vater ist nicht hier. Außer meiner Mutter habe ich doch niemanden hier.‹ Seine Schwiegermutter antwortete: ›Wenn deine Mutter dorthin gekommen ist, wird sie auch nicht mehr herauskommen. Was willst du mit deiner Mutter? Verlasse deinen deutschen Vater, verlasse deine Mutter, komm und wohne bei uns, wir haben dir unsere Tochter gegeben.‹ Veli wiederum sagte: ›Ich kann meine Mutter nicht verlassen, meine Mutter hat für mich ihr Leben ruiniert, hat so viele Schulden aufgenommen. Ich werde warten, bis meine Mutter entlassen werden wird. Ihr könnt auch warten, könnt es aber ebenso bleiben lassen. Wie Ihr wünscht, so soll es sein.‹ Nach vierzehn Tagen wurde ich aus dem Krankenhaus entlassen und ging in die Wohnung von Velis Verlobten. ›Was ist denn jetzt? Wann feiern wir Hochzeit?‹ Da warfen sie mich raus. Als ich sagte: ›Gebt mir meine Sachen, meine Dinge, meine Uhren (die Verlobungsgeschenke), fingen sie an zu streiten. Da sagte ich: ›Dann nehmt es als Geschenk!‹«

An dieser merkwürdigen Geschichte einer Verlobung fällt auf, daß sie sich in dieser Form auch in Istanbul hätte zutragen können: Die Eltern haben große Mitspracherechte bei der Wahl der Partner, und es scheint die Schwiegermutter und nicht die Verlobte gewesen zu sein, die schließlich den Bruch herbeiführte.

Auffällig ist auch die Leichtigkeit, mit der die Familie der Verlobten die Verlobung löste und mit der Veli sich in die Trennung schickte. Beides ist nur verständlich auf dem Hintergrund der türkischen Vorstellung von Ehe: Weit mehr als eine Vereinigung, die auf Liebe beruht, ist sie eben eine Zweckgemeinschaft, die aus ökonomischen Gründen gebildet wird, um die Sexualität zu befriedigen, um Kinder zu zeugen, um einen Platz zu schaffen, an dem die Eltern (in der Regel die des Mannes) im Alter leben können. Für die Eltern des Mannes ist wichtig, daß sie mit der jungen Frau zusammenleben könnten. Die Eltern des Mädchens achten darauf, daß ihre Tochter von den Schwiegereltern nicht überfordert wird. Der Nervenzusammenbruch von Ayşe Meyer könnte in der Familie der Verlobten die Sorge um die Zukunft ihrer Tochter geweckt haben. Die Aufforderung, Veli solle seine Mutter verlassen und zu ihnen ziehen, dürfte um der Tochter willen gestellt worden sein. Doch bleibt sie seltsam genug.

Der Zweckcharakter der Ehe, die nüchternen Erwägungen, die die Wahl eines Partners leiten, stehen in starkem Kontrast zu der Wärme, die das Verhältnis von Mutter und Kind bestimmt – die Ehe hat weit weniger Bedeutung als die Beziehung von Eltern und Kind. Die Frau heiratet in den Haushalt des Mannes ein und hat sich dort einzufügen; im Fall eines Konfliktes mit der Schwiegermutter wird ihr Mann mit einiger Sicherheit die Partei seiner Mutter ergreifen, denn, wie ein türkischer Bauer es prägnant formulierte, »Frauen gibt es viele, aber eine Mutter nur einmal«. Wie also konnte die Schwiegermutter Veli allen Ernstes auffordern, seine Mutter wegen der zukünftigen Frau zu verlassen? Vielleicht kannte sie die Schwierigkeiten, die Veli mit seiner Mutter hatte, den Haß, den er, neben offener Zuneigung, für sie empfand.

Veli beurteilte nämlich das Verhalten seiner Mutter – den Ehebruch, die Scheidung vom Vater, die Heirat mit Peter Meyer – nach den türkischen Normen. Veli orientierte sich weit strenger und persönlicher als seine Mutter an den traditionalen Denkschemata. So läßt sich nicht nur die Geschichte der ersten gescheiterten Verlobung, sondern auch der zweite Verlobungsversuch, von dem mir Ayşe berichtete, verstehen: »Er sagte: ›Ich werde jetzt nicht heiraten. Ich werde zunächst Geld sparen, um mir eine Zukunft zu sichern. Dann, wenn ich den Militärdienst abgeleistet haben werde, in die Türkei zurückgekehrt sein werde, werde ich heiraten. Ich sehe ja die, die verheiratet sind.‹« – »Was wollte er damit sagen?« – »Es bedeutet, daß er den Mädchen von heute nicht vertraute, d. h. er wollte mit ihnen keine Familie gründen. Mein Sohn sieht die Situation der Mädchen draußen so: Heute schließen sie mit Veli Freundschaft, morgen mit dir. Einen Tag mit dem, und dann wieder mit einem anderen. Die Türken akzeptieren das nicht. Wenn man mich z. B. zur Ehefrau genommen hat, muß man mich bis zum Tod akzeptieren... Die Mädchen, die hier aufwachsen, sind keine Mädchen.[1] Wenn Veli jetzt heiraten würde, würde er sagen: ›Heute bleibst du zu Hause, du wirst nicht arbeiten. Ich werde arbeiten und dich versorgen, ich bin dein Ehemann.‹ Das Mädchen wird jedoch nicht auf ihn hören. Man hört von unseren türkischen Mädchen in Deutschland, daß sie beispielsweise heute heiraten und sich drei Tage, eine Woche später wieder scheiden lassen. Oder: Heutzutage bleibt ein Mädchen, ein türkisches Mädchen nicht mehr bei seinen Eltern. Es reißt aus und kommt drei, vier Tage nicht mehr nach Hause. Ja, und wo bleibt es?« Veli gibt darin nicht nur zu erkennen, wie er die hier aufwachsenden türkischen Mädchen dem Ehrbegriff unterwirft, er zeigt auch, daß er auch hier in der ausländischen Großstadt der sog. virilokalen Residenzregel zu folgen wünscht, einer Regel, die vorschreibt, daß eine Frau in den Haushalt des Mannes und seiner Eltern zieht. Das erzeugt automatisch Ungleichheit in der Beziehung der Partner: Das Ehepaar bewohnt keinen gemeinsamen Haushalt, sondern den des Mannes.

Veli lehnt die hier lebenden türkischen Mädchen ab, weil sie keine Ehe auf Lebenszeit eingehen, weil sie sich »drei Tage, eine Woche später« wieder scheiden lassen – ich denke, das sind die Vorwürfe, die er seiner Mutter macht, und diese Vorwürfe erklä-

[1] im Sinn von Jungfrau. Das Wort »kız« bezeichnet sowohl das Mädchen als auch die Jungfrau.

ren seine Ambivalenz ihr gegenüber, daß er zwischen Liebe und Haß schwankt. Als Zwölfjähriger erlebte er, daß seine Mutter nach Berlin ging und wie im Dorf über sie geredet wurde. Daß sie mit Peter Meyer zusammenzog, mit ihm ein Kind hatte und die Scheidung von seinem Vater wollte, mußte als Bestätigung der Unterstellungen wirken. Als er 17jährig nach Deutschland kam, erlebte er, wie auch hier die Mutter von der türkischen Umwelt verurteilt wurde. Die Mutter wiederum vertrat den Bruch der Regel nicht offensiv; sie begründete ihn – anders als Ismail Tahir – nicht und kann ihn wohl gar nicht begründen. Sie stellte die Normen nicht in Frage, sondern ging pragmatisch mit ihnen um. Veli wird das nicht verstanden haben: Eine Bekannte von ihm erzählte mir, daß er sich vor seinen Freunden der Mutter schämte und es nach Möglichkeit vermied, mit ihr zu sprechen. Ihre »Ehrlosigkeit«, daß er sie für eine »Hure« halten mußte, machte ihm schwer zu schaffen.

Es war bekannt, daß er unter sexuellen Schwierigkeiten litt. Ein deutsches Mädchen, mit dem er eine Beziehung gehabt hatte, erzählte im Jugendfreizeitheim, Veli sei impotent gewesen. Vielleicht suchte er deshalb Bekanntschaften mit auffallend jungen Mädchen, bei denen er sich sicher fühlen konnte, Bekanntschaften, die alle sehr kurzlebig waren.

Velis Stellung in der Gruppe seiner Freunde war also in vieler Hinsicht schwierig. Die Mutter galt in seinen wie den Augen der Freunde als »unehrenhaft« – damit ist aber auch die Ehre des Sohnes in Zweifel gezogen.[1]. Darüber hinaus war durch die Erzählung der Freundin seine Männlichkeit *(erkeklik)* offen in Frage gestellt worden, ein Wert, der eng mit Ehre assoziiert ist. Er galt als »schwach« *(zayıf)*. Er schloß sich in der Regel bedingungslos dem Gruppenkonsens an, log und übertrieb, wenn er glaubte, daß es seinem Status in der Gruppe nützen könnte.

[1] Dies ist dieselbe Logik, die für Ehemann und Ehefrau gilt. Die Ehre eines Mannes definiert sich über die (sexuell definierte) Ehre der Frauen, die er nach den gesellschaftlichen Normen schützen muß, also die Ehre der Ehefrau, der Tochter und der Mutter. Der enge Zusammenhang tritt am deutlichsten in dem Fluch entgegen, mit dem gemeinhin die Ehre eines Mannes in Frage gestellt wird: *Anasına avratına sıktır et* – Fuck your mother and wife.

Seine prekäre Lage wurde unerträglich, als Ali Kaynar sich öffentlich brüstete, er habe Veli im Gefängnis »gefickt«. Die türkische Kultur macht einen genauen Unterschied zwischen dem aktiven *(kullanpara)* und dem passiven Homosexuellen *(ipne)*. Der aktive gilt als »männlich«; das Wort »kullanpara« stammt aus dem Milieu des Homosexuellen-Strichs und bedeutet wörtlich »nimm Geld«. Homosexualität ist im Islam wie in der türkischen Kultur verpönt, doch in der Subkultur jugendlicher Männer kann man sich unter Umständen durchaus brüsten, »kullanpara« gewesen zu sein, es kann als Ausdruck von Potenz und Stärke gelten, man kann damit Prestige gewinnen. Ganz anders verhält es sich mit »ipne«, dem passiven, in der türkischen Kultur weiblichen Partner. Er hat seine Männlichkeit *(erkeklik)* aufgegeben und wird verachtet. Wenn öffentlich wird, daß jemand »ipne« war, ist sein Ruf ruiniert. So konnte Ali Kaynar sich des Verkehrs brüsten, während er für Veli Aksoy katastrophal war.

Er ist nach der Entlassung aus dem Gefängnis in die Türkei zurückgekehrt. Was sollte er noch hier? Seine Stellung in der Gruppe der Freunde war unmöglich geworden, und seine Beziehung zur Mutter ohnehin ambivalent. Auch verband Sohn und Mutter keine ökonomische Perspektive, die ihn zum Hierbleiben hätte bewegen können.

Das Verhalten Velis in der Tatnacht und vor Gericht erscheint so in einem anderen Licht. Allzu verständlich, daß er seinem Haß auf Ali Kaynar Ausdruck gab, indem er ihn belastete. Durchaus möglich, daß er als einziger Petra Kaiser nicht zu vergewaltigen versuchte, weil seine Impotenz dabei öffentlich zur Schau gestellt worden wäre. Sein Verteidiger hatte vermutet, daß der Erwachsene, der Petra Kaiser in Velis Gegenwart vergewaltigte, ihm zeigen wollte, »wie man es macht«. Es bleibt erstaunlich, daß Veli überhaupt Widerstand zum Ausdruck brachte.

Yusuf Timur

Die Familie Timur stammt aus dem Dorf Yorma der Provinz Konya. 1969 kam der damals 31jährige Herr Timur nach Deutschland und nahm Arbeit in den Glanzstoffwerken in Erlenbach auf. 1971 zog er nach Köln, wo er bei Ford Arbeit gefunden hatte; im selben Jahr holte er seine Frau nach. Da sie in Köln keine Arbeit finden konnte, die Miete außerdem für das Ehepaar zu hoch war, konnten sie nichts sparen. 1973 zogen sie deshalb nach Berlin, »wo die Löhne hoch sind und die Mieten billig«. Frau Timur fand Arbeit in einer Reinigungsfirma, Herr Timur in einer Brotfabrik, dann bei Daimler-Benz. Sie ließen ihre Kinder Yusuf und Aynur nachkommen. 1975 wurde noch eine Tochter geboren. Die fünfköpfige Familie lebt in einer Zweizimmerwohnung, in einem Kreuzberger Hinterhaus.

Herrn Timurs Perspektive läßt sich eher als Idee denn als Plan oder Ziel beschreiben: Es ist die Idee eines »guten Lebens«, wie sie sich in der bäuerlich türkischen Kultur findet. »Jetzt bin ich jung und jetzt will ich leben.« So emphatisch formuliert bedeutet »yaşamak« – »leben« – für ihn: Männerfreundschaft, Gespräch, Glücksspiele, gutes Essen, Besuch bei Prostituierten, Spazierengehen. Tatsächlich besucht er beinahe täglich türkische Restaurants oder Lokale und bewegt sich dort in der Gesellschaft seiner Freunde, einer reinen Männergesellschaft. Bei den Glücksspielen, die in diesem Kreis stattfinden, geht es offenbar um erhebliche Summen – er erzählte von 400,– DM Gewinn an einem, von 1000,– DM an einem anderen Abend. Herr Timur weiß sich den Werten dieser Männergesellschaft tief verpflichtet, vor allem dem Wert *şeref,* dem Ansehen, das man sich durch Großzügigkeit erwerben kann. Einer seiner Bekannten charakterisierte ihn als jemanden, der für seine Freunde alles tue, ihnen gegenüber großzügig, hilfsbereit und freundlich sei; auch neige er zu Prahlereien, wenn er glaube, daß es seinem Status nütze.

Herr Timur möchte erst in die Türkei zurückkehren, wenn er genug Geld verdient hat, um sich dort zur Ruhe zu setzen, von Miete und Pachtzins zu leben. Das werde, meinte er, zehn Jahre brauchen, vielleicht mehr, vielleicht weniger – eine auffallend vage Aussage, verglichen mit den präzisen Zeitplänen der anderen Eltern. Diese Lust an der Gegenwart und das Desinteresse an der Zukunft belastete, denke ich, den Sohn Yusuf. Einerseits ermöglichte ihm der Vater keine weiterführende Berufsausbildung, weil sie, sagte er, in der Türkei von geringen Nutzen sei; andererseits ist der Zeitpunkt der Rückkehr völlig unbestimmt.

Die Großzügigkeit, die Herr Timur nach außen zeigt, steht nur scheinbar im Widerspruch zur Strenge und Autorität, mit der er den Mitgliedern seiner Familie begegnet. Die Achtung, die ein Mann in der Außenwelt genießt, hängt auch daran, daß die Beziehungen in der Familie der Norm entsprechen. Es ist wohl sein dringlicher Wunsch, in der Männergesellschaft nach deren Werten Anerkennung zu finden, die Herrn Timur in der Familie rigider sein läßt, als andere Väter es sind: So verlangt er beispielsweise, daß alle Familienangehörigen zu Hause sind, wenn er selber kommt. Für die Stellung der Frauen in diesem Haushalt ist die Episode aufschlußreich, die ich erlebte, als ich die Familie aufsuchte: Herr Timur war nicht zu Hause, und Frau Timur war nicht bereit, Auskunft zu geben, denn dies sei, sagte sie, ausschließlich Sache des Mannes. Auf mein Drängen erklärte sie sich schließlich bereit, ihn gemeinsam mit ihrer Tochter Aynur und mir zu suchen. Die beiden Frauen genossen es wohl ein wenig, daß sie, von mir legitimiert, in eine reine Männerdomäne eindringen durften. Vor dem Lokal, in dem sie ihn vermutete, weigerte sich Frau Timur aber plötzlich, besorgt um ihren Ruf, es auch nur für einen Augenblick zu betreten. Ich kannte Herrn Timur nicht und hätte ihn nicht identifizieren können. Schließlich ergriff die 17jährige Aynur die Initiative und schlüpfte, unter dem Protest ihrer Mutter, in das Lokal, um den Vater zu holen.

Herr Timur gibt Petra Kaiser die Schuld an der Vergewaltigung: Sie habe seinen Sohn aufgefordert, zu ihr zu kommen. »Er ist ein junger Mann, natürlich ist er gekommen.« Er kritisierte an der Tat, daß mehrere Jugendliche mit dem Mädchen geschlafen haben. Er erklärt es, wie die anderen Eltern, situationsbezogen aus der Trunkenheit und dem schlechten Einfluß der Freunde.

Deutlich war mir, daß er dem Vorfall kein großes Gewicht zumaß. So machte er einem türkischen Freund gegenüber den Witz, er werde an dessen Geburtstag gleichfalls für eine Frau sorgen.

Yusuf wuchs im Dorf zunächst bei seinen Eltern, dann, als diese nach Deutschland emigriert waren, bei seinen Großeltern auf. Nach der fünfjährigen Grundschule begann er in der Schlosserwerkstatt eines Verwandten zu arbeiten. In zwei Jahren war er mit allen anfallenden Metallarbeiten vertraut, eine informelle Lehre, wie sie heute in der Türkei weit verbreitet ist.[1] Obwohl die Arbeit sehr hart war, hat sie ihm Spaß gemacht.

Als er 1973, 13jährig, von seinen Eltern nach Berlin geholt wurde, hoffte er, als ausgebildete Arbeitskraft eine Stellung in der Metallfabrik zu finden. Er wurde statt dessen eingeschult und erst 1976 aus der achten Klasse einer Hauptschule entlassen. Es fiel ihm schwer, sich wieder in der Schule zurechtzufinden; heute sieht er diese Zeit vor allem als Unterbrechung seiner Berufslaufbahn.

Nach seiner Schulentlassung mußte er feststellen, daß das Zeugnis, das sein Lehrherr in der Türkei ausgestellt hatte, in Deutschland nicht anerkannt wurde. Der Vater verweigerte eine weiterführende Ausbildung. Im Stahlbau, in dem er gern gearbeitet hätte, konnte er so keine Stelle finden. Schließlich nahm er Arbeit bei einer Heizungsfirma an; danach arbeitete er als Gleisbauarbeiter und schließlich in einer Wäscherei. Seinen zeitweise sehr hohen Verdienst (beim Gleisbau erhielt er, wahrscheinlich wegen Nachtschichten, bis zu 1700,– DM) gab er dem Vater. Yusuf ist im Alltag selbständig. Erol Kemal und Rüstem Tahir lernte er über die Eltern kennen – die drei Familien stammen aus Konya und pflegen deshalb Kontakt miteinander. In der Gruppe, die sich in der Wohnung in der Frankestraße traf, war er anerkannt und beliebt. Die Sozialarbeiter des Jugendfreizeitheims beschrieben ihn als den intelligentesten und reifsten der Jugendlichen. In der Untersuchungshaft wurde er zum Sprecher der türkischen Jugendlichen seines Hauses gewählt.

[1] Nach dem Zerfall des traditionalen, religiös gebundenen Handwerks existiert als formale Ausbildung nur noch die der Berufsschulen *(sanat okulu)*.

In der Verhandlung sagte er ausdrücklich, daß er sich der Tat schäme – allerdings nur, »weil ich mit einem Mädchen geschlafen habe, das vorher mit meinem Freund geschlafen hat«. Über die Tatnacht sagte er: »Ich habe als zweiter das Mädchen gefragt, ob sie mit mir schlafen will, und weil sie nichts gesagt hat, habe ich angenommen, sie will.« Petra Kaiser habe nichts getan, sich nicht gerührt, keine Äußerung von sich gegeben.

Orhan Dümen

Orhan Dümen wurde 1960 im zentralanatolischen Dorf Büyük Soğut Öne, Provinz Corum, als eines von den sieben Kindern – fünf Söhne und zwei Töchter – des Kemal Dümen geboren. Die Familie lebte von Subsistenz-Landwirtschaft. Orhan verbrachte seine Kindheit im Dorf, besuchte die fünfklassige Volksschule und half auf dem Hof des Vaters. Der Ertrag war so niedrig, daß vier der fünf Söhne sich zur Emigration gezwungen sahen. Der älteste, Reşid, heute 37 Jahre alt, wanderte 1970 nach Berlin aus und unterstützte von hier die Familie. 1974 erlaubte er Orhan, zu ihm zu ziehen; Orhan kam in der Hoffnung, hier eine Ausbildung machen und einen Beruf finden zu können.

Solange Orhan jünger als 16 Jahre war, durfte er sich ohne besondere Formalitäten in Deutschland aufhalten. Als er kam, wurde er in die siebente Klasse, eine Türkenklasse, eingeschult. Seine Leistungen waren durchschnittlich. 1978 wurde er aus der achten Klasse entlassen, und zu diesem Zeitpunkt begannen die Schwierigkeiten: Er mußte eine Aufenthaltserlaubnis beantragen; sie wurde ihm für drei Monate gewährt, danach aber mit der Begründung verweigert, daß es nicht als Familienzusammenführung gelten könne, wenn er bei seinem Bruder wohne, zumal die Eltern in der Türkei lebten. Weil er keine Aufenthaltserlaubnis hatte, verlor Orhan auch die Arbeitsstelle, die er nach der Schulentlassung gefunden und fünf Monate innegehabt hatte. Im November 1977 wurde ihm der Ausweisungsbescheid zugestellt. Ein Einspruch wurde im Dezember abgelehnt. Seit dieser

Zeit hielt er sich illegal in Deutschland auf: Er hatte keinen Ort, wohin er hätte gehen können.

Vor Gericht beschrieb er, wie er seine Zeit damit verbracht hatte, den Haushalt des Bruders zu führen (der ihm dafür ein Taschengeld gab), spazierenzugehen und das Jugendfreizeitheim zu besuchen. Auch ging er regelmäßig in die Berufsschule, obwohl es dort, wie er sagte, nicht viel zu lernen gab.

In dieser schwierigen und perspektivlosen Lage fand Orhan bei seinem Bruder kaum Rückhalt. Reşid ist 18 Jahre älter als er, ihre Beziehung gleiche der des Sohnes zum Vater, sagte Orhan; die Sozialarbeiter des Jugendfreizeitheims beschrieben sie als »wenig freundschaftlich«: Sie war charakterisiert durch Respekt, Autorität und Ausklammern. Die Brüder sprachen, anders als Rüstem und Ismail Tahir, kaum miteinander. So konnte Reşid, als ich ihn fragte, nur sehr vage über den Alltag seines Bruders Auskunft geben; über seine Freunde wußte er nichts.

Die einzigen Personen, bei denen Orhan Rückhalt fand, blieben deshalb die Jugendlichen, die er im Freizeitheim kennenlernte. Die Sozialarbeiter berichteten, daß er sich ungewöhnlich eng an seinen Freunden orientierte, beispielsweise die Teilnahme an Veranstaltungen und Aktivitäten von der Beteiligung seiner Freunde abhängig machte. Dabei muß er hilflos gewirkt haben; auch ihn charakterisierte ein Freund als »verrückt« *(deli)*: Er habe keine Meinung und könne nicht nein sagen. So stelle er manchmal Behauptungen auf, nehme sie aber gleich zurück, wenn jemand widerspreche. Orhan wurde, ähnlich wie Ali Kaynar, in der Gruppe geduldet, aber nicht geachtet. Sie konnten den Werten von Stärke und Selbstbewußtsein, die in der *peer group* gelten, nicht folgen.

Der Jugendgerichtshelfer berichtete, daß Orhan, als er ihn in der Untersuchungshaft besuchte, völlig resigniert wirkte. Seine letzten Hoffnungen auf eine Zukunft in Deutschland hatten sich zerschlagen; die Zukunft in der Türkei war nicht weniger ungewiß.

Orhan Dümen wurde nach dem Prozeß abgeschoben.

Bekir Otyam

Neben Veli Aksoy stammte nur Bekir Otyam aus einer städtischen Familie: Bis zur Emigration lebte seine Familie in Denizli, einer mittelgroßen Stadt Zentralanatoliens. 1963 wanderte Herr Otyam nach Deutschland aus: er wollte Geld verdienen, um ein Haus in Ankara erwerben und darin eine Großhandlung einrichten zu können. Das Haus besitzt er mittlerweile; 1982 hofft er genug Geld gespart zu haben, um, unter Zuhilfenahme von Krediten, auch das Geschäft eröffnen zu können. Die notwendige Anfangsinvestition schätzt Herr Otyam auf ca. 120000,– DM. Dies Geschäft möchte er zusammen mit seinem Sohn führen und es später an ihn vererben.

Bekir war sechs Jahre alt, als sein Vater nach Deutschland emigrierte. 1969 ließ ihn der Vater zusammen mit der ganzen Familie, der Mutter und zwei Schwestern nachkommen. 1972 zog die Familie nach Berlin, wo Herr Otyam Arbeit als Kabelleger bei der Post fand. Seine Frau ist Arbeiterin in einer Fabrik. Eine Schwester ist inzwischen in Berlin verheiratet; die andere besucht in Ankara die Mittelschule. Bekir wurde 1977 aus der siebenten Klasse einer Hauptschule entlassen und arbeitete seitdem als Arbeiter in einer Textil-, in einer Metallfabrik und in einem Lager. Die Familie lebt in eineinhalb Zimmern, einer Werkswohnung der Post, in einem Haus, in dem ausschließlich türkische Familien leben.

Herr Otyam ist gläubiger Moslem und hält die einmonatige Fastenzeit des Islam ein. Er geht nicht in Restaurants oder Clubs. Sozialen Kontakt hält die Familie vor allem zu den Verwandten des Mannes ihrer Tochter, die in der Nähe wohnen. Gelegentlich besuchen sich auch Otyams und Ayşe Meyer.

Herrn Otyam schien an dem Fall Kaiser nur zu interessieren, daß sein Sohn möglichst rasch aus dem Gefängnis gelange. Er suchte alle möglichen privaten Kontakte zu nutzen, um einen Vorteil für seinen Sohn zu erwirken. Dabei ging er weiter als die anderen Eltern, die seine Aktivitäten mit Mißtrauen beobachteten, weil sie Nachteile für ihre eigenen Kinder befürchteten.

Nicht ganz zu Unrecht vielleicht: Mir gegenüber versuchte er Ali Kaynar in ein möglichst schlechtes Licht zu rücken, um Bekir zu entlasten. Daß er den ethischen Partikularismus, der sich nur der eigenen Familie verpflichtet weiß, so stark verfolgte, brachte ich damit in Zusammenhang, daß Bekir sein einziger Sohn ist, in den er die größten Hoffnungen für die Zukunft des Geschäfts setzt.

Es überrascht aber, daß Bekir, trotz dieser sehr weitreichenden wirtschaftlichen Pläne, ein eigenes Budget hatte und als einziger der Jugendlichen das Geld, das er verdiente, nicht beim Vater abgab. Ansonsten habe Bekir, so berichteten die Erzieher des Freizeitheims, eher unsicher gewirkt, eine Unsicherheit, die er zuweilen durch Aggressivität zu überspielen versucht habe.

Auch über ihn habe ich keine weiteren bemerkenswerten Einzelheiten in Erfahrung gebracht.

Die Ehre

Innen und Außen

Dem Wert der Ehre *(namus)* unterliegt die Vorstellung einer klaren Grenze, die das »Innen«, den Bereich der Familie, vom »Außen«, der – männlichen – Öffentlichkeit des Dorfes oder der Stadt, scheidet. Die Ehre eines Mannes ist beschmutzt, wenn diese Grenze überschritten wird, wenn jemand von außen einen Angehörigen der Familie, womöglich eine der Frauen, belästigt oder angreift. Als »ehrlos« *(namussuz)* gilt der Mann, der dann nicht bedingungslos und entschieden den Angehörigen verteidigt.

Nur die Tatsache, daß die Grenze verletzt wurde, zählt, nicht aber die Gründe dafür. So wird Beistand auch für den Fall gefordert, in dem der Angehörige von sich aus eine Auseinandersetzung provoziert hat. Man kann diese Bedingungslosigkeit aus der Alltagserfahrung einer bäuerlichen Gesellschaft erklären: Es wäre widersinnig, auf Grund abstrakter Schuldfragen Stellung gegen die eigenen Angehörigen zu beziehen, auf die man sozial und ökonomisch angewiesen ist. Die Ethik der Ehre ist partikularistisch: Letzter Prüfstein des Handelns ist das Wohl der eigenen Gruppe.

Eine Episode, die ich 1977 im Dorf Çavuş erlebte, kann verdeutlichen, wie dieser Ehrbegriff im Alltag angewandt wird. Die Auseinandersetzung betraf eine Viehweide, die von zwei Dörfern genutzt wurde. Es war vereinbart worden, die Weide nicht vor einem bestimmten Zeitpunkt abgrasen zu lassen. Aber mehrere Tage vor diesem Termin trieben zwei vielleicht zehnjährige Jungen die Herden ihrer Familie auf die Wiese. Sie wurden von zwei älteren Bauern des Nachbardorfs überrascht und angebrüllt. Der Wortwechsel eskalierte, und die beiden Jungen begannen mit Steinen zu werfen. Durch das Geschrei aufmerksam gemacht, kam auch der ältere Bruder der Hütejungen, ein Mittzwanziger, hinzu und griff ein. Erst andere Bauern, die dazwischentraten, verhinderten einen körperlichen Kampf.

Der Konflikt ist deshalb so bemerkenswert, weil die Schuldfrage geklärt scheint: Es handelte sich eindeutig um den Verstoß gegen eine Absprache. Auch war der Status der Kontrahenten äußerst ungleich: Den zehnjährigen Hütejungen standen fünfzigjährige Bauern gegenüber, einer von ihnen ein ehemaliger Dorfvorsteher. Dies aber hinderte den Bruder nicht, bedingungslos Partei zu ergreifen. In den nächsten Tagen wurde der Vorfall lebhaft diskutiert. Die Bauern solidarisierten sich jeweils mit den Angehörigen des eigenen Dorfes.

Der Konflikt illustriert nicht nur den ethischen Partikularismus der Ehre, er kann eine grundsätzliche Problematik verdeutlichen. Kein Gemeinwesen kann auf Absprachen, wie die über die Weidennutzung, verzichten, und es gibt ein allgemeines Interesse an ihrer Einhaltung. Auch hat jeder Mann ein gewisses Interesse daran, daß sich die anderen Mitglieder seines Haushaltes an die allgemeinen Normen und Werte halten – schon um nicht wegen der Pflicht zur Solidarität ständig in Auseinandersetzungen verwickelt zu werden.

Es gilt also eine prekäre Balance aufrechtzuerhalten: Einerseits versucht man, die Mitglieder der eigenen Familie zum Gehorsam gegen die allgemeinen Normen und Werte anzuhalten; andererseits kann man es sich nicht erlauben, gegen sie Stellung zu beziehen, wenn sie diese Normen verletzt haben. Die streng gegliederten, hierarchischen Beziehungen innerhalb der Familie dienen dazu, diese Balance zu gewährleisten. Der Vater, in seiner Abwesenheit der älteste Sohn, ist dem Gemeinwesen dafür verantwortlich, daß sich die anderen Angehörigen seines Haushaltes an die Regeln halten. Wie er nach außen seine Familie vor dem Gemeinwesen vertritt, vertritt er nach innen das Gemeinwesen gegenüber der Familie.

In jenem Konfliktfall wäre es angemessen und richtig gewesen, wenn sich die beiden Bauern an den Vater der Hütejungen gewandt hätten: Er wäre dann verpflichtet gewesen, seine Söhne zu strafen. Der Vater ist die einzige Instanz, die strafen darf. Jedes unmittelbare Reagieren auf einen Rechtsbruch führt zu Solidarisierung und Vergeltung.

Die Anerkennung der Autorität wird im Begriff der Achtung *(saygı)* gedacht: Der Sohn schuldet dem Vater, die Frau dem Mann, der jüngere Bruder dem älteren Achtung. Sie kann ganz unterschiedlich bekundet werden: Der Höherstehende darf nicht mit dem Vornamen angesprochen, ihm darf nicht widersprochen werden, in der Öffentlichkeit muß man in seiner Gegenwart schweigen, man darf nicht in seiner Gegenwart rauchen oder trinken usw. Hier gelten sehr feine Differenzierungen. Nimmt man als wichtigste Kriterien der Rangordnung innerhalb der Familie Alter und Geschlecht, so ergeben sich Positionen relativer Gleichheit zwischen älterer Schwester und jüngerem Bruder oder zwischen Brüdern, die aufeinander folgen. In diesen Beziehungen fallen einige der Einschränkungen, mit denen Achtung ausgedrückt wird, weg, und das Verhältnis gewinnt an Vertrautheit. Ein junger Bauer erklärte mir, er rauche nicht in Gegenwart seines ältesten Bruders, wohl aber in der des nächstälteren. Prinzipiell wird Respektlosigkeit gegen den älteren Bruder genauso ernst genommen wie gegenüber dem Vater.

An den gestuften Autoritätsbeziehungen besteht neben dem allgemeinen und öffentlichen Interesse auch ein partikulares. Die Einhaltung der differenzierten Regeln, mit denen Achtung ausgedrückt wird, garantiert Gehorsam bzw. Solidarität. Nur wer sich an Druck gewöhnt habe, wurde mir erklärt, werde sich den Aufgaben nicht entziehen, die man ihm stellt. Ein Haushalt, der über Söhne verfügt, die dem Vater Achtung zollen, gilt als stark. Kaum jemand wird es wagen, ihn zu übervorteilen. Welches Gewicht diese Solidarität auch dort hat, wo bereits staatliche Instanzen zur Schlichtung von Streitigkeiten angerufen werden, wurde mir sehr deutlich aus dem Kommentar, den ein Dorfvorsteher zu der Auseinandersetzung um einen Dreschplatz gab, einem Streit, der von einem Beamten des Landratsamtes entschieden worden war: »Das ganze wird sich in ein paar Jahren wieder ändern. Dann sind die Söhne von Isa herangewachsen und Kamil wird keinen Widerstand mehr wagen. Hier sind die Sitten so.« Entsprechend gilt der Bauer, dem keine Achtung durch die Söhne entgegengebracht wird, als schwach *(zayıf)*. Er hat einen schweren Stand im Dorf. Bei Gesprächen, besonders bei Auseinandersetzungen wird er aufgefordert, erst einmal im eigenen Haushalt für Ordnung zu sorgen. Unter Umständen wird ein strittiges Stück Land einfach weggepflügt oder die Tochter entführt. Ob er die Autorität im eigenen Haushalt wahren will oder nicht, liegt also nicht im Ermessen der einzelnen. Wenn ein Mann im Dorf politisch und ökonomisch handlungsfähig bleiben will, muß er Achtung fordern.

Hier kommt der Islam ins Spiel, dessen Universalismus dem Partikularismus der Ehre entgegengesetzt werden kann: Die Argumente der Religion sind die einzigen, die genügend Gewicht haben können, um jemanden zum Verzicht auf einen Ehrhandel zu bringen. Die großen islamischen Feste – das Zuckerfest am Ende des Fastenmonats Ramazan und das Opferfest – sind Feste des ganzen Dorfes und dienen unter anderem der Beilegung von Konflikten: So wird in Çavuş bei beiden Festen die alle Familiengrenzen überschreitende Moscheegemeinde rituell dargestellt, indem alle Männer des Dorfes sich dem Alter nach aufstellen und dann, angefangen bei den Jüngsten, die Reihe entlangschreiten, um den jeweils Älteren die Hand zu küssen. Die Klage, daß vom Islam nichts mehr »geblieben sei« *(Islamiyet kalmadı burada)*, wird im Dorf immer dann laut, wenn das Gemeinwesen in einzelne, nur auf die eigene Ehre bedachte Gruppen zu zerfallen droht: anläßlich der Blutfehde in einem Nachbardorf oder als die Bienenstöcke eines Bauern aus Rache vergiftet wurden.

Es kennzeichnet das Denken der Bauern, daß die beiden Sinnprovinzen in ihrer Widersprüchlichkeit nebeneinander bestehen. Die Alltagserfahrung verbietet, den Widerspruch in die eine oder andere Richtung aufzulösen: Auch der Religion zuliebe kann man nicht denjenigen in den Rücken fallen, von denen man sozial und ökonomisch abhängt. Umgekehrt kann man es sich ebensowenig leisten, aus Solidarität mit den Verwandten ständig in Konflikte verwickelt zu werden. Die innere Widersprüchlichkeit der Wertsphären ermöglicht ein flexibles, den Anforderungen des Alltags entsprechendes Verhalten: Unter Berufung auf die eigene Ehre kann man die im Namen des Islam erhobene

Forderung, Frieden zu schließen, in den Wind schlagen; unter Berufung auf die Religion kann man sich gegen die eigenen Verwandten stellen, wenn sie den Bogen überspannen. So ist die Lebensführung der Bauern bemerkenswert unmethodisch: Mehr den praktischen Erfordernissen des Alltags verpflichtet als einem konsequenten Leben nach festen Prinzipien.

Andererseits decken sich zahlreiche Vorschriften beider Sinnprovinzen: Die Notwendigkeit, dem Vater oder dem älteren Bruder Achtung zu zeigen, wird einmal mit der Notwendigkeit der Solidarität begründet, also aus dem Ehrdenken abgeleitet. Sie kann und wird aber auch religiös begründet, vor allem dann, wenn der Gedanke bekräftigt werden muß, daß es die Autorität des Vaters ist, die die Mitglieder seines Haushaltes an die allgemeinen Regeln bindet. So predigte ein *Hoca,* ein religiöser Lehrer, während meines Aufenthaltes im Dorf Türksevin/Maraş, daß es zu 70 Prozent die Schuld des Vaters sei, wenn die Söhne mißraten; ein Vater dürfe sich keinesfalls auf die Position zurückziehen, daß er ohnehin nichts machen könne, er müsse so lange auf seinen Sohn Druck ausüben, bis dieser nachgebe.

Neben den Normen und Werten der Ehre und denen des Islam wird zunehmend eine dritte Sinnprovinz relevant: die staatlichen Gerichte. Sie läßt sich als »westlich-rational« charakterisieren, da die Rechtsprechung einer modifizierten Fassung des Schweizer Straf- und Zivilrechts folgt. Die Bauern haben ein pragmatisches Verhältnis zu den Gerichten, die Normen vertreten, die nicht die ihren sind: Sie benutzen sie als zusätzliches und effektives Mittel bei Ehrhändeln. Der erwähnte Konflikt um den Dreschplatz ist in dieser Hinsicht aufschlußreich: Eine staatliche Instanz hat es einem Bauern ermöglicht, zu Zeiten einer Machtbalance seine Ansprüche durchzusetzen; sobald jedoch der Kontrahent stärker geworden ist, weil seine Söhne herangewachsen sind, ist gegen ihn auch mit Hilfe der staatlichen Gerichte kaum mehr etwas auszurichten. Die staatlichen Instanzen sind in der Regel schon räumlich viel zu weit entfernt, als daß sie bei Alltagskonflikten wirksam in Anspruch genommen werden könnten.

Während die Beziehungen innerhalb der Familie hierarchisch, solidarisch und dauerhaft sind, bestimmt prinzipielle Gleichheit die Beziehungen zwischen Männern außerhalb der Familie. Der Ehrbegriff weist jedem Mann einen Bereich persönlicher Integrität und Würde zu, der die eigene körperliche Unversehrtheit wie die der Familienangehörigen umfaßt. Deshalb ist Unterordnung nicht mit ihm vereinbar. Das Verhältnis zwischen Gleichen gilt aber als instabil und konfliktbedroht.

Dauerhaftere Beziehungen zwischen Männern außerhalb der Familie werden durch Gabentausch geschlossen: Er kann die Form von Arbeits- und Nachbarschaftshilfe, Verleih von Geld und anderen Gegenständen, Gastfreundschaft annehmen; am wichtigsten aber ist die Verheiratung, die als Gabe der Tochter an einen fremden Haushalt angesehen wird. Diesen Formen ist gemeinsam, daß eine Beziehung zwischen Gleichen durch zeitweilige Ungleichheit gestiftet wird: Es gibt einen Schuldner und einen Gläubiger, und es ist nur folgerichtig, daß Gabe und Gegengabe nie genau gleichwertig sein dürfen. Entspräche sich nämlich ihr Wert, dann wäre die Ungleichheit und damit auch die Kontinuität der Beziehung beendet. Auch muß zwischen dem Überreichen von Gabe und Gegengabe eine gewisse Zeit verstreichen. Der Wert, mit dem dies ausgedrückt wird, heißt »şeref«, übersetzbar als Ehre, Ansehen, Achtung. *Şeref* erwirbt, wer großzügig ist, wer viele Schuldner hat. Im Unterschied dazu kann die Ehre *(namus)* nicht erworben, sondern nur verloren werden. Die Spannung zwischen *namus* und *şeref*, zwischen Gleichheit und Ungleichheit bestimmt die Beziehungen zwischen Männern im türkischen Dorf: Weder darf immer Gleichheit herrschen, denn das hieße Konflikt, noch dauerhaft Ungleichheit. Die durch eine Gabe hergestellte Ungleichheit muß umkehrbar sein. Eine Gabe, deren Wert an eine Vergeltung nicht denken läßt, ist eine Beleidigung.

Im Alltag ist Gastfreundschaft das häufigste Mittel, um Beziehungen nach außen zu knüpfen oder um bestehende Beziehungen zu bekräftigen. Der Ernst und der Nachdruck, mit dem die begleitenden Rituale ausgeführt werden, unterstreicht ihre Bedeutung. Sie sind gleichsam eine Darstellung der Werte von *namus* und *şeref*.

Der Fremde, der einen anatolischen Bauern besucht, zieht beim Betreten des Hauses seine Schuhe aus und begibt sich zum *oda*, dem Zimmer, in dem Gäste empfangen werden. Er tritt ein und begrüßt die anwesenden Männer: *Selâmünaleyküm,* sie antworten: *aleyküm selâm,* »Friede auch mit dir«. Der Gastgeber erhebt sich und gibt dem Gast die Hand: *Hoş geldin* – »Du kommst zur Freude« –, und der Gast antwortet: *Hoş bulduk* – »Ich habe die Freude gefunden«. Auch die anderen Gäste haben sich mittlerweile erhoben und bieten dem Gast den Platz auf dem Divan an, der seinem Status entspricht. Die besten Plätze sind die Eckplätze an der Wand. So gruppieren sich die Männer mit dem Kommen jedes neuen Gastes um, und ihre Sitzordnung gibt ihre Rangordnung nach Alter und Einfluß wieder, dem Fremden allerdings wird ein besonderer Platz zugestanden. Wenn alle wieder Platz genommen haben, beginnt eine neue Runde der Begrüßung. Nacheinander richtet sich jeder der Männer leicht auf, legt die Hand ans Herz und grüßt den Fremden: *Merhaba, Ali Bey* und dieser antwortet: *Merhaba, Yusuf Bey.* Der Gastgeber bietet ihm Kölnisch Wasser an, der Gast läßt es sich in die hohle Hand träufeln und verteilt es über Stirne, Haare und Nacken. Auch Bonbons und Zigaretten werden angeboten. Etwas später wird Tee gereicht, auch hier bekommt der höchste Gast als erster, dann die anderen, entsprechend ihrer Bedeutung. Die Regel verlangt vom Gast, nach zwei Portionen den Löffel quer über das Glas zu legen und damit auszudrücken, daß es genug sei.

Dann wird das Essen gebracht. Die Männer setzen sich um ein Tuch auf dem Boden, bedecken mit ihm die Füße. Der Haushaltsvorstand verteilt Brot und stellt nacheinander die Schüsseln mit dem Essen in die Mitte des Tuches. Der Besuch endet damit, daß der Gast um die Erlaubnis bittet, gehen zu dürfen. Der Gastgeber begleitet ihn zur Tür des Hauses, einen Dorffremden bis zur Dorfgrenze. Dort verabschiedet sich der Gast mit: *Allaha ısmarladık* – »Gott befohlen« –, und der Gastgeber wünscht ihm *Güle, güle,* daß alles lachend, mit Lachen sich vollende.

Bemerkenswert an dem Besuchsritual sind zunächst die asymmetrischen Grußformeln: Sie dienen der Definition der Situation, indem sie eindeutig festlegen, wer Gastgeber und wer Gast ist. Die Regel verlangt, daß diejenigen, die zu einer Gruppe hinzustoßen, zuerst grüßen, unabhängig von ihrem Alter und Rang. Sie grüßen *Selâm aleyküm,* man antwortet: *aleyküm selâm,* und ein zweites Mal wird die respektive Position geklärt, wenn der Gastgeber sagt: *Hoş geldin* – »Du kommst zur Freude« – und die Gäste antworten: *Hoş bulduk* – »Ich habe die Freude gefunden«. Durch diese Formeln wird festgelegt, wer den anderen bewirtet, also in seine Schuld bringen darf. So wird die egalitäre und damit von Konflikt bedrohte Beziehung zwischen zwei Männern in die temporär ungleiche Beziehung zwischen Gastgeber und Gast überführt, in der Konflikte ausgeschlossen sind. Freilich behält die Stellung des Gastes eine gewisse Ambivalenz. Die Beziehung zum Gastgeber ist ja nicht in dem Sinn ungleich wie die eines Sohns zu seinem Vater, dem Gast kommt Achtung zu. So wurden neben asymmetrischen Grußformeln auch symmetrische, das *Merhaba,* ausgetauscht.

Diese Formeln sind vor allem dann wichtig, wenn die Situation weniger strukturiert ist als die geschilderte, z. B. ein gemeinsames Abendessen in einem Restaurant. Auch dort wird genau darauf geachtet, daß einer Gastgeber und der andere Gast ist. Besonders deutlich wurde mir die Ambivalenz, als ich Gäste in das von mir im Dorf gemietete Haus eingeladen hatte. Ich empfing sie, wie vom Gastgeber erwartet wird, mit: *Hoş geldin.* Sie zögerten und antworteten dann, statt mit *Hoş bulduk,* mit der Wiederholung der ersten Phrase, sagten: »Auch du kommst zur Freude« und brachten damit zum Ausdruck, daß nicht sie, sondern eigentlich ich der Gast sei... Gastgeber zu sein, bringt Ansehen *(şeref).* Die Bauern bestehen auf dem Recht, selber Gastgeber zu sein, nachdem sie eingeladen worden sind. Kein Bauer würde, ohne Gegenbesuch erhalten zu haben, zweimal hintereinander einen anderen besuchen.

Die zweite Gruppe der Rituale dient der Bewältigung des Problems, das die Anwesenheit eines Fremden, eines Außenstehenden, im Bereich des »Innen«, dem Bereich der Familie bedeutet. Wenn die Grenze zwischen Innen und Außen gewaltsam verletzt wird, heißt es, die Ehre des Betreffenden sei »befleckt« *(lekelenmiş)* worden, man benützt also die Metapher des Schmutzes, um das Überschreiten der Bereiche auszudrücken. Wird die Grenze zwischen Innen und Außen durch den Gast im Einvernehmen verletzt, werden Reinigungsrituale notwendig: Der Gast zieht beim Betreten des Hauses die Schuhe aus, mit denen er tatsächlich und metaphorisch das Haus beschmutzen würde; er bekommt Kölnisch Wasser auf die Hand geträufelt und reinigt sich Stirn, Haare und Nacken.

Solange der Gast im Haus weilt, werden die Grenzen zwischen Innen und Außen im Haus selbst errichtet. Je fremder der Gast, desto höher ist der Rang, der ihm eingeräumt wird, desto rigider wird aber auch die Grenze im Haus gezogen: Am deutlichsten läßt sich das am Essen beobachten. Der Fremde wird ausschließlich im *oda* empfangen, dem öffentlichen, männlichen Teil des Hauses. Er bekommt die Frauen, die sich in die Küche, den weiblichen Teil, zurückziehen und dort das Essen zubereiten, kaum zu Gesicht. Allenfalls wird er kurz von der Frau des Haushaltsvorstandes begrüßt; undenkbar ist jedoch, daß er die jungen Frauen des Haushalts, die Töchter und Schwiegertöchter sähe oder gar mit ihnen spräche. Wenn die Frauen mit der Zubereitung des Essens fertig sind, bringen sie es nur bis zur Schwelle des Gastzimmers, dort nimmt es der Sohn in Empfang. Wie die Grenzen zwischen Mann und Frau wird auch der Unterschied zwischen Vater und Sohn akzentuiert: Solange der Gast im Hause weilt, hat der Sohn zu schweigen und widerspruchslos den Befehlen des Vaters zu gehorchen. Die Familie stellt sich dem Gast ganz genau so dar, wie es dem Ideal entspricht: Sie betont, daß ihre inneren Beziehungen durch Achtung *(saygı)* bestimmt sind, sie unterstreicht die Unterschiede zwischen den Generationen und Geschlechtern.

Im Gastritual werden die Grenzen zwischen Innen und Außen dargestellt, bestätigt und neu errichtet. Frauen sind von diesem Ritual, wie überhaupt von der Politik des Gabentauschs, ausgeschlossen. Sie haben, anders als die Männer, kein *şeref*, kein politisches Ansehen; sie können keine politischen Bündnisse eingehen. Vielleicht wirken deshalb die Besuche von Frauen untereinander formloser und damit persönlicher.

Mann und Frau

Der Ehrbegriff bestimmt nicht nur das Verhältnis von Innen und Außen, sondern auch das Verhältnis zwischen Mann und Frau. Er fordert nicht nur allgemein, Familienangehörige gegen Angriffe von außen zu verteidigen, er fordert es insbesondere für die Frauen der Familie. Als ehrlos gilt, wer nicht extrem empfindlich reagiert, wenn seine Frau beleidigt oder belästigt wird. So definiert sich die Ehre eines Mannes im wesentlichen über die Ehre der ihm anvertrauten Frauen, der Mutter, der Schwester, der Tochter und der Ehefrau. Der Begriff *namus* betrifft Mann und Frau unterschiedlich: Ein »ehrenhafter Mann«, das ist einer, der seine Frauen zu verteidigen vermag, der Stärke und Selbstbewußtsein zeigt, politische, die äußere Sicherheit seiner Familie garantierende Fähigkeiten. Frauen dagegen sind im wesentlichen »ehrenhaft«, wenn sie keusch sind. Die Frau, die Ehebruch begeht, »befleckt« damit nicht nur ihre eigene Ehre, sondern auch die ihres Gatten, der nicht Manns genug war, sie abzuhalten.

Vom Mann wird gefordert, daß er seine Affekte beherrscht und keine Schwächen zeigt. Pierre Bourdieus Charakteristik der Ehre in der Kabylengesellschaft läßt sich auf die Türkei übertragen:

> »Der Mann ohne Selbstachtung... ist der, der sein inneres Ich mit all seinen Affekten und Schwächen nach außen durchscheinen läßt. Der weise Mann dagegen ist der, der ein Geheimnis zu wahren versteht, der, in jedem Augenblick, Vorsicht und Verschwiegenheit walten läßt... Eine ständige Selbstkontrolle ist nötig, um jenes fundamentale Gebot der gesellschaftlichen Moral zu befolgen, das darin besteht, jedes Auffallen zu vermeiden, die innerste Persönlichkeit in ihrer Einmaligkeit und Besonderheit soweit wie irgend möglich unter dem Schleier des Schamgefühls und der Zurückhaltung verschwinden zu lassen.« (Bourdieu, 1976, S. 27)

Während für die Beurteilung und das Selbstverständnis eines Mannes die Dichotomie stark–schwach entscheidend ist, gilt für die Frau der Gegensatz rein–unrein. Die Klassifikation der Frauen kennt nur drei Kategorien: die Jungfrau, das Mädchen *(kız);* die geschlechtlich erfahrene Ehefrau *(hanım);* und, beiden gegenübergestellt, die Hure (*orospu* oder *fahişe*), die ehrlose und schmutzige Frau, die außerhalb der Ehe Beziehungen zu Männern pflegt. Das Verhalten einer »sauberen« und »ehrenhaften« Frau ist bis ins einzelne festgelegt: Sie darf nicht mit fremden Männern sprechen, darf nicht allein spazierengehen und nachts nicht ohne Begleitung des Mannes das Haus verlassen; sie muß die Kleidervorschriften beachten, Arme und Beine bedeckt halten und das Haar, ein sexuelles Symbol, verhüllen; eine »saubere« Frau ist gehalten, nicht zu schreien oder zu rennen, sie wird es vermeiden, auf die Toilette zu gehen, wenn Männer im Raum sind. Schließlich wird sie auf ihre Kleidung achten, um nicht schlampig oder schmutzig zu erscheinen.

Die unterschiedliche Bedeutung des Ehrbegriffs für Mann und Frau legt die eigene Ehre jeweils in die Hand des anderen Geschlechts. Die Frauen seines Haushalts können die politische und soziale Position eines Mannes ruinieren, eine Gefahr, der sich die Männer schmerzlich bewußt sind und die die weitverbreiteten Phantasien über die unwiderstehliche Verführungskraft der Frau, ihre sagenhafte sexuelle Potenz produziert. Die Kontrolle, die ein Mann über seine Frauen ausüben muß, kann eigentlich nicht weit genug gehen. Symptomatisch läßt sich dies Mißtrauen am Wandel der Vater-Tochter-Beziehung im Laufe ihres Lebens studieren: Solange die Tochter klein ist, hat der Vater im allgemeinen ein zärtliches Verhältnis zu ihr; es verschlechtert sich, wird formaler und kälter, je älter die Tochter wird und je mehr der Vater befürchten muß, daß sie ihm Schande bringt. In den Worten eines Bauern, der drei Töchter aufgezogen hat: »Wenn sie klein sind, sind sie so nett, und später werden sie wahre Teufel.« Das Verhältnis ändert sich erst nach der Hochzeit wieder, wenn die Verantwortung für die Ehre der Tochter auf den Schwiegersohn übergegangen ist.

Die Untersuchung von June Starr (1978) zu Konflikten und Konfliktregelung in einem Dorf der Südwesttürkei zeigt, daß es sich bei der Angst der Männer um mehr handelt als eine Statusfrage: Ein Mann, der seine Frau nicht vom Ehebruch abhalten kann, gilt als schwach und unmännlich, er wird übervorteilt und gerät wesentlich häufiger in Auseinandersetzungen als andere Männer. Von den 32 Konfliktfällen, mit denen June Starr zwischen 1966 und 1968 in dem Dorf vertraut wurde, waren in acht die beiden Männer verwickelt, deren Frauen als ehrlos galten. Diese Männer konnten die Sicherheit ihrer Familien nicht mehr gewährleisten.

Doch ist auch die Ehre der Frau in die Hand des Mannes gelegt. Da Keuschheit die Ehre der Frau definiert, kommt der Jungfräulichkeit eine entscheidende Bedeutung zu. Eine beständige und dauerhafte Ehe ist für eine Frau viel wichtiger als für einen Mann: Eine geschiedene Frau hat größere Schwierigkeiten, wieder einen Mann zu finden, als umgekehrt; ein unverheirateter Mann z. B. könnte keine Ehe mit ihr eingehen, ohne daß im Gemeinwesen seine Männlichkeit bezweifelt würde: Es hieße, daß er sich offenbar nicht traut, die Jungfräulichkeit eines Mädchens zu »zerstören« *(bozmak)*.

Es kommt hinzu, daß das islamische Eherecht, das in den Dörfern weitgehend Gewohnheitsrecht ist, die Entscheidung über den Fortbestand einer Ehe im wesentlichen in die Hände der Männer legt. Verstoßung oder Polygamie sind bei Kinderlosigkeit die Regel, allerdings nur dann. Der politische Charakter, den Ehen auf dem Land tragen – sie begründen und bekräftigen Bündnisse zwischen zwei Familien – verhindert allzu große Willkür von seiten des Mannes, denn eine Scheidung bedeutet nicht nur das Ende einer Beziehung zwischen zwei Personen, sondern auch zwischen zwei Familien. Die Angst vor der Scheidung, die für die Frau die erste Zeit der Ehe bestimmt, verliert sich allmählich. Nach allem, was wir beobachten konnten, treten ältere Frauen ihren Männern durchaus angstfrei und selbstbewußt gegenüber.

Die Bedeutung, die die Ehe für die Frauen besitzt, findet Ausdruck in ihrem ständigen Beschäftigtsein für die Familie. Von drei Jahren an sollen die Mädchen nicht einfach ruhig dasitzen, sondern häkeln und andere Handarbeiten machen oder wenigstens eines der Geschwister auf dem Schoß halten. Berliner Ethnologinnen, die sich längere Zeit in türkischen Dörfern aufgehalten haben, berichteten, daß ihr bloßes Dasitzen »erkek gibi« – wie ein Mann – von den Frauen als beunruhigend empfunden wurde: Sie wurden aufgefordert, eine Handarbeit aufzunehmen.

Wie die Konzeptionen von Mann und Frau im Ehrbegriff aufeinander bezogen sind und sich zugleich opponieren, das findet im Familienalltag seinen Ausdruck in der Trennung von normativer und faktischer Verantwortung. Die Väter, die die Familie im Dorf und das Dorf in der Familie vertreten, müssen darauf drängen, daß die allgemeinen Normen in der Familie eingehalten werden; sonst sind sie politisch nicht handlungsfähig und können die Sicherheit der Familie nach außen nicht gewährleisten. Dies vom Vater verkörperte normative Prinzip würde allerdings rasch zur Zerstörung der Familien führen, wenn es allein die Beziehungen bestimmen würde: Es wäre zu rigide, als daß man damit den Handlungsanforderungen des Alltags gerecht werden könnte. Ohne die Mutter, die sich mehr von den faktischen Erfordernissen des Alltagslebens leiten läßt als von allgemeinen Prinzipien und die deshalb eher den persönlichen Bedürfnissen der Kinder gerecht werden kann als der sehr schnell wertende Vater, zerfällt die Familie.

Das Verhältnis von faktischer und normativer Verantwortung wurde mir vom Dorfvorsteher des Dorfs Türksevin/Maraş anläßlich der folgenden Episode dargestellt: Sein neunjähriger Sohn Mikail hatte meinen Geldbeutel gestohlen und war damit von seinem Großvater ertappt worden. Der Großvater verprügelte den Jungen. Am Abend desselben Tages kam der sehr betroffene Vater zu mir, um sich zu entschuldigen. Er bat mich, ihm die Pflicht, seinen Sohn zu schlagen, zu erlassen. Der Sohn habe es sehr schwer. Seine eigentliche Mutter sei gestorben und das Verhältnis zu seiner Stiefmutter, der zweiten Frau des Dorfvorstehers, denkbar schlecht. Wenn ein Kind geschlagen werde, müsse es zu seiner Mutter flüchten können, und eben das sei in diesem Fall nicht möglich.

Der Vater wäre in diesem Fall verpflichtet gewesen, den Sohn zu strafen, ob er wollte oder nicht. Er sah sich zu einer Erklärung genötigt, in der er die außergewöhnlichen Zustände der Familie schilderte. Es war deutlich, daß er den Sohn geschlagen hätte, wenn ich darauf bestanden hätte. Die faktische Verantwortung der Mutter erscheint hier als notwendige Ergänzung und nicht etwa als Infragestellung der väterlichen Autorität.

Das persönlichere Verhältnis der Mutter zu ihren Kindern macht sie zum wichtigsten Ansprechpartner, die gesamte familiäre Kommunikation läuft über sie: Die jungen Bauern erzählten mir, sie hätten Schwierigkeiten, sich bei Problemen, die als Schwäche ausgelegt werden könnten, an den Vater zu wenden; wenn sie Schmerzen haben oder krank sind, teilen sie sich der Mutter mit; auch bitten sie die Mutter um Vermittlung, wenn sie ein bestimmtes Mädchen zum Heiraten ins Auge gefaßt haben. Noch mehr als für die Söhne ist für die Töchter die Mutter die Ansprechpartnerin: Die Bauern gewähren ihren Frauen ein eigenes Budget, damit sie den Töchtern Dinge kaufen, um die jene aus Schamgefühl den Vater nicht bitten können – alles, was einen noch so fernen Bezug zu Körperlichkeit und Sexualität besitzt. Diese entscheidende Stellung der Mutter hat zur Folge, daß die Familie zerbrechen kann, wenn sie stirbt oder der Vater sich von ihr scheiden läßt. Die Situation des »üvey«, des Stiefkindes gilt als unerträglich: Man erzählte mir von mehreren Fällen, in denen die Stiefsöhne im Alter von zwölf oder dreizehn Jahren den väterlichen Haushalt verlassen haben, um sich allein in der Stadt durchzuschlagen.

Die faktische Kompetenz der Frauen steht im Zusammenhang mit ihrer rechtlich schwächeren Stellung im Haushalt: Anders als die normative Haltung, die die Welt im Sinne der Regeln zu gestalten oder wenigstens zu beeinflussen versucht, geht die faktische Haltung davon aus, daß Vorgegebenes bewältigt werden muß. Sie akzeptiert auch noch dann, wenn ein Normenbruch vorliegt: So decken im allgemeinen die Frauen ihre Kinder gegenüber dem Vater. Zwar unterlaufen sie damit die von den Vätern gesetzten Normen, doch erhalten sie damit zugleich die Familie als soziale Einheit. Andererseits garantiert die väterlich-normative Verantwortung die Sicherheit im Dorf. Faktisches und Normatives bedürfen einander: Das personenorientierte Verhalten der Frauen würde – nach Meinung der Bauern – ohne das Ordnung und Sicherheit garantierende normative Verhalten der Männer zu Schwäche, Chaos und Desintegration führen. Das autoritäre Handeln der Männer hieße dagegen, ohne das Korrelat des weiblichen Handelns: Erstarrung, Inflexibilität und letztendlich sozialer Tod.

Die Ambivalenz, mit der die Männer die Frauen betrachten, findet Ausdruck in der Unterscheidung und Gegenüberstellung von Mutter und Ehefrau. Anders als die Mutter, die Teil der patriarchalischen Ordnung ist und – zumindest für ihre Kinder – eindeutig zum »Innen« zählt, ist die Ehefrau die »Fremde«, die von außen kommt, auf deren Solidarität man deshalb nicht sicher vertrauen kann. Das generelle männliche Mißtrauen gegen Frauen, die ja die eigene Ehre zerstören können, wird der Ehefrau gegenüber am deutlichsten. Für die Opposition von Mutter und Ehefrau gibt es Redensarten: »Wenn du weinst, weint deine Mutter, und die Fremde lacht«; oder: »Die Frauen sind Schlangen, sie beißen den Sohn« (wörtl. *evlat:* Nachkomme). In Gesprächen erklärten mir die jungen Männer des Dorfes, daß man sich seiner Frau nie sicher sein könne: So würden sie nie mit ihr verreisen; denn könne dabei nicht plötzlich irgend jemand auf einen zukommen und sagen: »Ich habe sie verloren, wo hast du sie gefunden?« Wisse man denn, was die Frauen vor ihrer Ehe gemacht haben, vor allem dann, wenn sie nicht aus dem eigenen Dorf stammen? Wie könne man sicher sein, daß sie nicht lügen?

Auch die Eltern sind mißtrauisch gegen die junge Frau. Sie fürchten, die Schwiegertochter könnte ihnen den Sohn entfremden. So sagte mir ein Bauer resigniert, sein Sohn werde ihm nach der Hochzeit gewiß kaum noch Geld schicken: Er werde auf sein Weib schauen, und die werde es zu verhindern wissen. Der Topos der Ehefrau, die ihren Mann daran hindert, seine heiligen

Pflichten gegenüber den Eltern zu erfüllen, findet sich auch in einer Erzählung, die ich in Çavuş aufgezeichnet habe:

In einem Haushalt lebten ein Mann und sein Vater im besten Einvernehmen, bis eines Tages der Mann heiratete. Mit der Frau kam auch Unfrieden ins Haus. Sie wiegelte ihren Mann gegen seinen Vater auf. Dieser esse die ganze Zeit vom Tisch der Familie, trage aber selbst nichts zum Lebensunterhalt bei. Der Mann hielt zum Vater. Jahre vergingen, die Frau hörte nicht auf zu hetzen. Schließlich hielt es der Mann nicht mehr aus, er setzte den alten Mann in einen Wagen und zog ihn in den Wald. Auch der Sohn des Mannes kam mit. Mitten im Wald sagte der Mann zu seinem Vater: »Warte hier, wir gehen Beeren sammeln und holen dich dann ab.« Aber sie kehrten nicht zurück, sondern ließen ihn im Wald. Am nächsten Tag sah der Mann, wie sein Sohn etwas bastelte, und fragte ihn danach. Da sagte der Sohn: »Ich baue einen Wagen.« Der Vater fragte: »Wozu?« Der Sohn sagte darauf: »Damit ich dich, wenn du alt bist, hineinsetzen und in den Wald bringen kann.« Da weinte der Mann und holte seinen Vater wieder aus dem Wald.

Die patriarchalische Ordnung wird durch die Frau ins Wanken gebracht; ihre Hartnäckigkeit und Verführungskraft bewegen den Mann dazu, gegen seinen Willen den Vater auszusetzen. Hier klingt das Motiv von der Unwiderstehlichkeit der Frau an, das die islamische Sexualtheorie durchzieht, ein Motiv, auf das ich zurückkommen werde. Der Einfluß des Sohnes, in der Erzählung Verkörperung des patrilinearen Prinzips, führt zur Wiederherstellung der Ordnung gegen die Frau.

Das Bild der ordnungsgefährdenden Ehefrau mag auch aus der Erfahrung hervorgehen, daß die Einheirat einer »Fremden« in den bäuerlichen Haushalt zu Konflikten führt. Die Eifersucht der Schwiegermütter ist sprichwörtlich; hinzu kommen Probleme der Arbeitsorganisation: Auseinandersetzungen entstehen, wenn die Frauen des Haushalts, die Schwestern und die Mutter des Mannes, die junge Frau *(gelin)* mit Arbeit überhäufen; *Gelin bunu yapsın,* »die *gelin* soll's machen«, lautet eine stereotype Redewendung. Die Schwiegermütter klagen regelmäßig über die Faulheit der Schwiegertöchter; die Schwiegertöchter darüber, daß es unmöglich sei, der Schwiegermutter alles recht zu machen, daß man ohne ihre Einmischung keine Tasse Tee einschenken könne. Das Verhältnis der beiden Frauen ist schließlich entscheidend davon geprägt, daß die Schwiegertochter Nachfolgerin der Schwiegermutter sein wird: Sie steht im Augenblick zwar noch unter ihrer Autorität, wird aber spätestens nach ihrem Tod ihren Platz einnehmen, und erst dann endet im Grunde ihre Zeit als *gelin*.

Die Schwiegertochter hat einen schwierigen Stand in den Konflikten, die so entstehen: Die jungen Bauern, mit denen ich das Thema erörterte, ließen keinen Zweifel daran, daß sie bei diesen Streitigkeiten auf jeden Fall ihre Mutter unterstützen würden – gleichgültig, worum es sich handle. »Jeder stellt sich auf die Seite der Mutter. Die Mutter ist heilig *(kutsal)*. Wer kommt bei der Entstehung eines Menschen zuerst? Die Mutter. In ihrem Leib wächst das Kind heran. Wenn das Kind dann heranwächst, mit wem kann es dann über alles frei sprechen, so wie wir z. B. jetzt sprechen? Mit der Mutter!«

Besonders in einem fremden Dorf ist die Schwiegertochter völlig isoliert. Fatma Gümüş aus Çavuş beschrieb mir die Situation in einem Gespräch: »Die Hochzeit fand dann sehr bald statt, und ich kam nach Kurşunlu. Ein halbes Jahr war ich im Haus meines Mannes, während er in Istanbul arbeitete. Meinen Schwiegervater habe ich sehr geliebt. Er hat gesagt: ›Ich liebe dich wie meine neun Kinder.‹ Aber das Verhältnis zu meiner Schwiegermutter war schlecht. Verstehst du, sie machen alles anders in Kurşunlu. Ich habe sehr oft geweint in dieser Zeit. Deswegen wollte ich Yarasırs Sohn (einen Mann aus dem eigenen Dorf) heiraten. In dem Haus hätte ich alles gekonnt, Brot backen, kochen. Aber in Kurşunlu machen sie alles anders.« – »Und du hattest niemanden, zu dem du flüchten konntest?« – »Zu wem hätte ich flüchten sollen? Unser Dorf ist zehn Stunden entfernt.« – »Wenn dein Mann im Dorf gewesen wäre, hätte er dir dann geholfen?« – »Wie hätte er mir helfen sollen? Er kann doch seinen Vater und seine Mutter nicht schlagen. Und ich wollte auch nicht, daß er gegen seinen Vater und seine Mutter auftritt. Sie haben ihn ernährt und aufgezogen. Ich wollte mich ja anpassen. Aber es war schwer.«

Es dürfte an diesem prekären Status liegen, daß die Geburt eines Sohnes für eine Frau entscheidend wird: Erst durch den Sohn gewinnt sie eine Position im neuen Haushalt. Die Beziehung zu ihm ist die sicherste und dauerhafteste, die eine Frau haben kann: Die Tochter wird sie früher oder später verlassen, für ihren Mann bleibt sie im Grunde eine Fremde, ihre eigenen Eltern hat sie mit ihrer Hochzeit verlassen. Die einzige, die diese Beziehung zum Sohn in Frage stellen kann, ist die Schwiegertochter: Es ist nur natürlich, daß sie als Rivalin betrachtet wird. Die Rollenverteilung zwischen Schwiegermutter und Schwiegertochter bildet sich so in jeder Generation aufs neue.

Die Unterscheidung, die zwischen Ehefrau und Mutter getroffen wird, beeinflußt auch das ohnehin gespannte Verhältnis zwischen Vater und Sohn: Dieselbe Frau, die der Vater immer als Fremde behandelt, ist für den Sohn Mutter. Das wird besonders dann zum Problem, wenn der Vater, wie Herr Yasa, eine zweite Frau in den Haushalt aufnimmt oder die Mutter schlägt: In diesem Fall versuche er Vater und Mutter zu trennen, erklärte mir ein junger Bauer, oder er werde so erbittert, daß er die Arbeit stehen und liegen lasse und weggehe.

Die unwiderstehliche Frau
Exkurs zur islamischen Sexualtheorie

Zum Bild der Frau in der ländlichen türkischen Kultur gehört ihre Einschätzung als unwiderstehliches Sexualwesen.[1] Ich referiere im wesentlichen aus dem »Vollkommen erläuterten großen islamischen Katechismus« des Abdullah Aydin, einem Lehrbuch, nach dem die Dorfprediger ausgebildet werden. Es bietet

[1] Eine ausführliche Untersuchung zur Sexualtheorie des Islam ist das Werk von George Henri Bousquet: *L'éthique sexuelle de l'Islam* (1966). Auf ihm bauen die Untersuchungen von Mernissi zur Geschlechterbeziehung und Familiendynamik in Marokko (1975) von Dwyer zu Konzeptionen von Mann und Frau in marokkanischen Märchen (1977) und von Dirks (1969) zur Entwicklung der gesellschaftlichen Stellung der türkischen Frau im 20. Jahrhundert auf.

die theologischen Positionen, die in den Dörfern und Kleinstädten von diesen Predigern tatsächlich vertreten werden.

Das Kapitel über Heirat (»Dinge im Zusammenhang mit Heirat«) beginnt mit einem Exkurs über Sexualität:

»Der Islam erkennt an und betont, daß sowohl bei der Frau als auch beim Mann ein starkes Gefühl füreinander existiert. Dieses Sich-Begehren ist ein starkes Gefühl, das der Natur entspringt. Es ist undenkbar, daß normale Menschen diesem Gefühl entsagen sollten.« (S. 740)

In diesem Sinne hatte der Prophet Mohammed einen seiner Anhänger zurechtgewiesen, der sich an ihn mit der Bitte gewandt hatte, sein zölibatäres Leben zu billigen. Die Zurechtweisung durch den Propheten wird im Katechismus kommentiert:

»Dieses geschlechtliche Bedürfnis, das Frau und Mann zueinander empfinden, ist nicht schlecht oder häßlich. Ganz im Gegenteil ist dieses Interesse gut und normal, solange es ein normales Ausmaß nicht überschreitet.« (ebda.)

Ausgangspunkt ist die These, daß Sexualität »der Natur entspringt« und damit ethisch neutral ist. Die Sexualität zu meiden, zölibatär zu leben ist deshalb keine verdienstvolle Handlung. Nicht Befreiung des Geistes vom Fleisch wird gefordert, beidem ist Rechnung zu tragen:

»Der Islam will, daß der Mensch sowohl die körperlichen als auch die geistigen Bedürfnisse in der Bemühung, Gott zu erhöhen, befriedigt.« (S. 741)

Das gilt für Männer und für Frauen: Beiden werden sexuelle Bedürfnisse wie das Recht ihrer Befriedigung zugestanden. Allerdings hat das im gesellschaftlich vorgesehenen Rahmen zu geschehen:

»Frauen sind also notwendig; sie sind jedoch zu beachten, ohne daß man das vom Islam bezeichnete Maß überschreitet und gesetzte Grenzen übertritt. Unser Glauben möchte, daß die Sexualität auf dem von ihm gezeigten Weg befriedigt wird.« (ebenda.)

Der »gezeigte Weg« ist die Befriedigung der Sexualität in der

Ehe. Bemerkenswert ist, daß dies nicht als eine unter anderen Funktionen der Ehe dargestellt wird, sondern als ihr Sinn schlechthin. Die Notwendigkeit zu heiraten wird aus der Notwendigkeit abgeleitet, die sexuellen Bedürfnisse zu befriedigen:

»In den Zeilen oben (dies sind die zitierten) haben wir gesagt, daß es für den Menschen ein normales Bestreben ist, die sexuellen Wünsche und Bedürfnisse zu befriedigen. Der legale Weg, die Sexualität zu befriedigen, ist, zu heiraten.« (S. 742)

Der Nachdruck, mit dem hier die Notwendigkeit der sexuellen Befriedigung unterstrichen wird, hängt mit der soziologischen Einschätzung unbefriedigter Sexualität zusammen, sie gefährdet fundamental die Ordnung des Gemeinwesens, genauer: die *umma,* die Gemeinde der islamischen Männer. Auf den verschiedenen Ebenen: auf der der Gemeinde aller Moslems, auf der der Nation, am konkretesten aber auf der Ebene der *cemaat,* der Moscheegemeinde, die sich an den Freitagen und zu den Festen trifft, gilt die Gemeinde als die Institution, in der sich der Gedanke des Islam realisiert. Sie hat den Auftrag, »den wahren Glauben aufrechtzuerhalten, Männer in der Lehre Gottes zu unterrichten, sie zu Gutem zu überreden und sie vom Bösen durch Wort und Tat abzuhalten« (Gigg, 1955, S. 3, zit. nach Mernissi, 1975, S. xv). Die schon zitierte Redewendung: *Islamiyet kalmadı orada,* »vom Islam ist dort nichts geblieben«, die auf zerstrittene Gemeinwesen angewandt wird, zeigt, wie der Islam mit der Ordnung in der Gemeinde identifiziert wird. In einer Kausalkette stellt Aydin dar, wie illegitime Sexualität diese Ordnung bedroht:

»Weil der Ehebruch Grund für die Vorbereitung der Prostitution ist, Prostitution aber dem Zerbrechen von Familien Tor und Tür öffnet und damit der Zerstörung und Auflösung des Gemeinwesens, ist Ehebruch zu begehen eine schamlose Sünde und ein schmutziger Weg.« (S. 813)

Die Gefahr des Ehebruchs gehe vor allem von unbefriedigten und unverheirateten Menschen aus:

»Eine Frau, die den Wirbelstürmen ihrer sexuellen Bedürfnisse – einem sehr heftigen Gefühl – überlassen bleibt, ist zu fürchten, weil Trug, Koketterie und Intrigen sie charakterisieren.« (S. 742)

Sie wird Unfrieden zwischen den Männern und damit Konflikte im Gemeinwesen verursachen. Zwar können auch Junggesellen eine Bedrohung der öffentlichen Ordnung sein, »weil sie sich vor Schmerzen, die von unbefriedigter Sexualität rühren, nicht retten können« und sich deshalb der *zina*, dem unerlaubten Geschlechtsverkehr zuwenden (S. 744), doch scheint die eigentliche Gefahr von der weiblichen Sexualität auszugehen. Dies Thema der verführerischen und unwiderstehlichen Frau taucht in verschiedenen Variationen immer wieder auf. So erklärte mir ein junger Bauer, weshalb in den Schulen die Geschlechter getrennt unterrichtet werden sollten: »Auch wenn ein Mann nicht will und hart arbeiten will, wird er – gegen seinen Willen – von den Frauen abgelenkt.« Ein anderer kritisierte einen Migranten, der seine Frau im Dorf zurückgelassen und jahrelang nicht besucht hatte: Er trage Schuld daran, wenn sie früher oder später Ehebruch begehen und damit die eigene und eine fremde Ehe zerstören werde.

Deshalb ist es vollkommen unverantwortlich, nicht zu heiraten:

»Sich der Heirat zu entziehen ist kein richtiges Handeln, es ist Vagabundieren, *derbederlik*: Schlampigkeit, Nachlässigkeit, Bohèmewirtschaft; ja, in gewisser Hinsicht bedeutet es sogar, daß eine Kraft, die die ganze Persönlichkeit eines Menschen prägt, in einen für andere gefährlichen Zustand kommt... Wenn man den in jedem Menschen existierenden und normalen Sexualtrieb nicht in der Ehe befriedigt, wird man an verbotene Türen klopfen.« (S. 742)

Die Ehe erscheint als die Institution, die vor dem Chaos schützt, in das das ungezügelte, unregulierte Spiel der Triebe die Gesellschaft stürzen würde. Dieser Gedanke unterliegt auch dem Eherecht des Islam (vgl. Dirks, 1969, S. 21-29). In zahlreichen Vorschriften wird bestimmt, wann und unter welchen Umständen der Mann ein Recht auf Sexualität hat (im wesentlichen, wenn die Hochzeitsgabe entrichtet und der Unterhalt garantiert ist);

ein weibliches Recht auf Sexualität reflektiert die Regel, daß eine Frau die Scheidung einreichen kann, wenn ihr Mann impotent ist oder seine Geschlechtsorgane verloren hat.

An den Formulierungen, die die Natürlichkeit der Sexualität und die Notwendigkeit ihrer Befriedigung betonen, sind jedoch Einschränkungen nicht zu überhören: So sei zu beachten, daß das »vom Islam bezeichnete Maß« bzw. »ein normales Ausmaß« nicht überschritten werde. Diese Formeln sind im Zusammenhang mit dem islamischen Persönlichkeitsideal zu sehen: Das Ideal ist nicht der asketische Mann, sondern der Weise, der mit seinen Trieben umgehen kann, sie befriedigt, aber nicht von ihnen abhängig wird. Dwyer beschrieb es so:

»Der Weise ist zunächst der Meinung, daß der Körper der Seele dienen müsse. Tierische Reaktionen müssen zugunsten gesellschaftlicher Verantwortlichkeit gemäßigt werden. Das Ziel ist es nicht, körperliche Begierden zu verleugnen, sondern ihnen und anderen Gefühlen einen gewissen Platz zuzuweisen.« (S. 103)

Das gilt für alle Bedürfnisse, für Sexualität ebenso wie für Hunger und Aggression. Für den Islam gelten alle Triebe als gleichermaßen natürlich und gefährlich. Es gibt zahlreiche Sprichwörter und Redensarten, die die Parallele von Hunger und Sexualtrieb ziehen. Ein Mann, dem man das Essen vorenthält, wird zum Dieb, sagt man und meint damit den Mann, der seine Sexualität nicht mit seiner Frau befriedigen kann und damit notwendigerweise zum Ehebrecher wird. Weder das Bedürfnis nach Nahrung noch das nach Sexualität darf Oberhand gewinnen, darf soziale Verantwortungslosigkeit oder Mißachtung des Gottesdienstes nach sich ziehen: Diese Logik unterliegt dem islamischen Fastenmonat, dem Ramazan. Während dieses Monats darf von Sonnenaufgang bis Sonnenuntergang nichts verzehrt werden – eine Forderung, die, entgegen dem Augenschein, nichts Sinnenfeindliches an sich hat. An den Abenden wird dann so gut gegessen wie nie im Jahr, in keinem Monat gibt eine türkische Familie so viel Geld für Essen aus wie im Fastenmonat. Es wird eben nicht die Unterdrückung der Triebe gefordert, sondern ihre Meisterung.

Die sexuelle Attraktivität der Frauen freilich gefährdet ständig dieses Ideal, sie lenkt den Mann ab von seinen Pflichten gegen Gott, die Gesellschaft und seine Eltern. Daß die weibliche Sexualität vor allem Gefahr ist, dürfte sich aus der unverhüllt männlichen Perspektive dieser Konstruktionen erklären, Sätze wie: »Frauen sind also notwendig« sprechen für sich. Es gilt vor allem die Gemeinde der Männer zu schützen: So wird unbefriedigte Sexualität zwar als generelles Problem beider Geschlechter anerkannt, als eigentliche Gefahr jedoch fungiert dann die weibliche Sexualität, sie ist es, die im wesentlichen gesellschaftlich kontrolliert werden muß.

Ritualismus und Situationsgebundenheit

Die folgende Szene erlebte ich im Haus des Dorfvorstehers von Çavuş: Nach dem Abendessen ging der Vater und Hausherr so abrupt aus dem Zimmer, daß ich die erwachsenen Söhne fragend ansah. Sie erklärten mir, der Vater habe das Zimmer verlassen, damit sie eine Zigarette rauchen könnten – was in seiner Gegenwart, wegen der geforderten Achtung, nicht möglich gewesen wäre. Doch hatte der ältere Sohn seine Zigarette erst halb aufgeraucht, als der Vater das Zimmer wieder betrat: Daraufhin verbarg der Sohn die brennende Zigarette in der Hand und verließ seinerseits das Zimmer.

An dieser Szene ist bemerkenswert, daß die Norm, nicht in der Gegenwart des Vaters zu rauchen, auch dann noch eingehalten wird, wenn es unserem Regelverständnis nach absurd ist: Die Zigarette mußte verborgen werden, obwohl der Vater wußte, daß der Sohn rauchte, und der Sohn wußte, daß der Vater es wußte. Beide hätten es als Respektlosigkeit empfunden, wenn der Sohn mit der Zigarette in der Hand ruhig sitzengeblieben wäre.

Ein solches Verhalten mutet ritualistisch an. Es verdeutlicht einen wichtigen Zug des Regelsystems: Die Werte, wie Ehre und Achtung, werden nicht als psychische Gebilde aufgefaßt, die jenseits und unabhängig von den Ausdrucksformen existierten,

Ehre *(namus)* und Achtung *(saygı)* bestehen vielmehr in nichts anderem als den Ausdrucksformen. In der Gegenwart des Vaters zu rauchen *ist* Respektlosigkeit und drückt sie nicht nur aus; keine Maßnahmen zu treffen, wenn die Ehefrau beleidigt wird, *ist* ehrlos und läßt nicht auf Ehrlosigkeit als Charakterdisposition o. ä. schließen. Der Sprachgebrauch folgt dem, insofern nie von Achtung »empfinden« (*hissetmek* bzw. *duymak*) gesprochen wird, sondern immer nur von Achtung »zeigen« *(göstermek)*.

So ist einer Regel schon dann Genüge getan, wenn sie, wir würden sagen »formal« eingehalten wird. Daraus entstehen merkwürdige Situationen: Die Regel, daß man einem Höherstehenden nicht widersprechen darf, kann damit umgangen werden, daß das auf ihn Gemünzte in seiner Gegenwart einem Dritten im Raum mitgeteilt wird, gelegentlich sogar einem Tier oder einem Stück Holz; der eigentliche Adressat kann nicht reagieren, er war ja nicht angesprochen, und die Regel ist nicht verletzt worden.

Dieser ritualistische Charakter des Wertsystems schließt eine uns vertraute Form der Abwandlung und Anpassung von Regeln aus. Wir würden argumentieren, daß man Achtung auch anders ausdrücken könne als durch Nichtrauchen, eine Handlungsregel kann modifiziert werden, ohne daß der Wert, den sie verkörpert, in Frage gestellt wäre. Diesem Argument ist das ritualistische Denken nicht zugänglich, es kann aber, wie ich schon mehrfach gezeigt habe, die Regel umgehen, um so den flexiblen Anforderungen des Alltags gerecht zu werden. Die Regel bleibt gleichsam monolithisch bestehen.

Hier muß ich auf einen zweiten Zug des bäuerlichen Denkens eingehen, nämlich seine Situationsgebundenheit. Regeln gelten nur in bestimmten Situationen. Dieser Zug bestimmt den Wert der Achtung ebenso wie den der Ehre.

Die vom Ehrbegriff getroffenen Unterscheidungen zwischen Mann und Frau, Innen und Außen gliedern das soziale Universum in vier Bereiche. Das Individuum hat Beziehungen zu:

Männern innerhalb seiner Familie	Frauen innerhalb seiner Familie
Männern außerhalb seiner Familie	Frauen außerhalb seiner Familie

Für jede dieser Beziehungen gelten andere Regeln, wird ein anderes Verhalten gefordert. Ein Mann steht zu einem anderen Mann außerhalb der Familie in einer Beziehung der Gleichheit, der Ehrbegriff grenzt die Sphäre jedes einzelnen ab. Verletzt man die Sphäre eines anderen, muß man mit Vergeltung rechnen. Man hat vergleichsweise kurze Beziehungen, die den Charakter von Bündnissen tragen. Einem Mann der eigenen Familie schuldet man dagegen bedingungslos Solidarität, die Beziehungen sind ungleich, durch Achtung bestimmt. Die Frauen des eigenen Haushalts muß man vor anderen Männern schützen, der Umgang mit Frauen außerhalb der Familie ist bestimmt von peinlichster Aufmerksamkeit darauf, daß die Ehre eines anderen Mannes nicht verletzt wird. Die Beziehungen werden darüber hinaus nach dem Alter differenziert: Mit Frauen nach dem Klimakterium, denen unterstellt wird, daß sie keine sexuellen Bedürfnisse mehr haben, kann ein Mann verhältnismäßig frei, wenn auch keinesfalls allein sprechen; junge Frauen dagegen darf man als Mann allenfalls nach dem Weg fragen; wenn man sie zufällig trifft, muß man die Augen niederschlagen oder wegblicken.

Die Regeln, die das Handeln bestimmen, hängen von der Beziehung ab, in der man zu den jeweils Anwesenden steht, sie sind außerdem abhängig von Ort und Zeit des Zusammentreffens: Mit der Frau seines Gastgebers darf sich der Gast, wenngleich nicht allein, im Haus unterhalten; trifft er sie jedoch auf dem Dorfweg, darf er sie nicht einmal grüßen, sondern muß sie übersehen. Das Handeln ist bestimmt von dem, was in einer bestimmten Situation als angemessen gilt; die Situation wiederum von Ort, Zeit und Position der Anwesenden.

So behandelt man eine Person je nach Kontext unterschiedlich: Zur eigenen Frau kann man zärtlich sein, wenn man allein ist, in gewissen Grenzen, wenn nur Rangniedere anwesend sind. Betritt jedoch der Vater oder der Schwiegervater den Raum, gibt ihr der Mann, der eben noch mit ihr gescherzt hatte, allenfalls kurze Befehle und ignoriert sie im übrigen. Mit Frauen über 50 konnte ich sprechen, wenn ihre Männer nicht anwesend waren; traten sie jedoch hinzu, war gefordert, sich mit ihnen zu unterhalten und die Frauen zu übersehen. Andrea Petersen (1979) schildert, wie die Gespräche und das Scherzen der Frauen im Backhaus in dem Augenblick unterbrochen werden, wo ein Mann den Raum betritt:

»In dem Moment betritt eine Frau mit ihrem Mann das Backhaus. Sofort wird das Thema gewechselt. Eine junge Frau, deren Mann mit dem Hereingekommenen verwandt ist, sagt nichts mehr, andere ziehen ihre Kopftücher ein wenig mehr ins Gesicht, sprechen aber weiter, stellen ihm ein paar Fragen über seine Familie und geben ihm zwei frische Brote mit, als er schnell wieder geht.« (S. 39)

Allgemein gesagt: Die Identität eines Handelns liegt in der Außenwelt, die in sich geschlossen ist und die das Individuum mit Aufgaben konfrontiert, denen es gerecht zu werden versucht. Der einzelne empfindet sein Verhalten als konsistent, weil die Situationen, in denen er sich bewegt, konsistent sind, und nicht, weil er sich in den unterschiedlichen Situationen gleich verhält. Die Identität des einzelnen liegt außerhalb von ihm, in dem Kontext, in dem sich die Situationen ergeben, und nicht in ihm als Person. Die Kategorie der Person ist im Dorf irrelevant.

Entsprechend unterliegen Situationen und nicht Personen der sozialen Kontrolle. Sexualität zum Beispiel wird kontrolliert, indem die Bereiche der Geschlechter räumlich und zeitlich strikt getrennt werden: Ein Mann, der sich in einen der weiblichen Bereiche begibt, zum Brunnen oder ins Backhaus geht, fällt auf, wird mehr oder weniger mißtrauisch beobachtet, er kann gar nicht anders als sich unbehaglich fühlen. In der Stadt sind die Wohnviertel und Seitenstraßen, die von Fremden nicht aufgesucht werden, weil sie weder Geschäfts- noch Durchgangsstraßen sind, Bereiche der Frauen, und der Ausländer, der sich dorthin verirrt, findet sich plötzlich aus einer reinen Männergesellschaft in eine reine Frauenwelt verschlagen. In den Busbahnhöfen und den Lokalen werden den Frauen bzw. den Familien Räume zur Verfügung gestellt, die kein alleinstehender Mann betreten darf. Hinzu kommen die Vorschriften der Ehre: Eine Frau darf nicht mit fremden Männern sprechen oder sich gar mit ihnen treffen; sie darf nicht allein spazierengehen und darf nachts nicht ohne den Schutz ihres Mannes oder Bruders auf die Straße. Der Kontrolle unterliegen alle Situationen, in denen Mann und Frau unbeobachtet zusammentreffen könnten.

Diese Form äußerer Kontrolle macht verständlich, weshalb die türkische Kultur mit gewissen Zuschreibungen so schnell bei der Hand ist: Wer sich in eine bestimmte Situation begibt, wird sich ihr entsprechend verhalten – besonders leidvoll erfahren das Frauen, die vor ihrem Mann oder auch, wie Ayşe Meyer, ganz allein nach Deutschland emigrieren. Ihnen, die nun unbeobachtet mit Männern Kontakt aufnehmen können, wird automatisch unterstellt, daß sie das auch tatsächlich tun: Sie werden bald an jedem Finger ihrer Hand einen Mann haben. Die Skepsis, mit der Herr Kemal den Plan seines Sohnes beurteilte, die Wohnung in der Frankestraße anzumieten, ist ein weiteres Beispiel für diese Zuschreibungen: Junge Männer gelten in der türkischen Kultur als »heißblütig« *(delikanlı)*, und deshalb ist es nicht gut, wenn sie ohne Kontrolle sind.

Sowenig die Persönlichkeit oder der Charakter des einzelnen bei diesen Zuschreibungen von Bedeutung ist, so wenig gelten sie bei der Erklärung eines Vorfalls: Auch hier wird auf die Situation verwiesen. Bei einem erklärungsbedürftigen Phänomen – sagen wir, der Flucht eines jungen Mannes in die Stadt – hört man im Dorf jedesmal eine bemerkenswerte Zahl unterschiedlicher und in sich widersprüchlicher Erklärungen: Allen ist aber gemeinsam, daß sie das Ereignis nicht aus der Persönlichkeit oder dem Charakter des jungen Mannes ableiten, sondern aus dem Beziehungskontext, in dem er steht. Es gibt eine Zahl von Konflikten, die die Vater-Sohn-Beziehung bestimmen – die Bevorzugung eines der Brüder, Überlastung mit Arbeit, »Sich-Einmischen«, Strenge etc. –, und es sind diese Konflikte, auf die bei der Erklärung der Flucht hingewiesen wird. Dieselben Erklärungen würden gegeben, wenn der Vorfall sich in einer anderen Familie zugetragen hätte.

So führt ein Regelbruch eher zu Scham- als zu Schuldgefühlen; anders als Scham bezieht sich Schuld auf Werte, die allgemein, d. h. für jeden und in jeder Situation gelten. Ihre Verletzung weckt Schuldgefühle selbst dann, wenn niemand davon erfährt oder es gar bei der bloßen Absicht geblieben ist. Scham dagegen ist an Öffentlichkeit geknüpft. Ein Handeln, das in einer bestimmten Situation durchaus am Platz ist, kann in einer anderen als schamvoll empfunden werden. Scham wird dann mit Gesten ausgedrückt, die – im Deutschen wie im Türkischen gleich formuliert – besagen, daß man »im Boden versinken« *(yere batmak)*, sich also der Situation entziehen möchte.

Scham wird auch empfunden, wenn Situationen vermengt, die Grenzen zwischen ihnen verwischt werden. Dabei lassen sich drei Fälle unterscheiden: Scham wird erstens empfunden, wenn in einer Situation Handeln gezeigt wird, das einer anderen entsprechen würde. So gilt es in der türkischen Kultur als schamlos, wenn Mann und Frau in der Öffentlichkeit Zärtlichkeiten tauschen; ebenso schämt sich ein junger Mann, wenn die Gespräche, die er mit Freunden über Sexualität führt, den Eltern zu Ohren kommen. Zweitens gilt als schamlos, wenn man sich nicht entsprechend seiner lebensgeschichtlichen Situation verhält, wenn man sich ein Recht anmaßt, das einem (noch) nicht zusteht: So soll sich die Schwiegertochter schämen, wenn sie laut schreit, was nur älteren Frauen zugestanden ist. Scham wird schließlich bei den lebensgeschichtlichen Übergängen von einer Situation in eine andere empfunden, vor allem bei der Hochzeit: Braut und Bräutigam zeigen rituelle Scham in dem Augenblick, in dem die Braut die Schwelle zum Haus des Bräutigams überschreitet, in dem also der Übergang von einer Situation in die andere augenfällig wird.

Die Beispiele zeigen, daß das Wort »schämen« *(utanmak)* sich nicht nur auf ein Gefühl bezieht, sondern zugleich in einer Bedeutung verwendet wird, die sich bei uns im bayerischen Wort »gschamig«, erhalten hat. Junge Frauen, heißt es, schreien nicht, »weil sie sich schämen« *(utanıyorlar)*. Sich schämen bedeutet hier also, daß sich jemand »sauber« verhält. Scham ist in diesem Zusammenhang mehr ein Wert als ein Gefühl.

Kindheit im Dorf

Die Jugendlichen, die in den Fall Petra Kaiser verwickelt waren, kamen im Alter von neun bis sechzehn Jahren nach Deutschland. Sie haben das Weltbild der Ehre im Dorf erworben – ich möchte berichten, wie dieser Sozialisationsprozeß sich vollzieht:

Der Säugling steht unter der Obhut der Mutter, die dabei von ihren älteren Töchtern oder der Mutter ihres Mannes unterstützt wird (Pfluger 1981, S. 68), der Vater und die anderen männlichen Familienmitglieder kümmern sich wenig um das Kind. Zur Stillzeit werden sehr unterschiedliche Angaben gemacht; meine Informationen schwanken zwischen einem halben Jahr und vier bis fünf Jahren; die Regel dürfte bei einem bis eineinhalb Jahren liegen. Ein junger Bauer erklärte mir, daß das Stillen seines Sohnes nach einem Jahr unterbrochen werden müsse, weil seine Frau wieder schwanger sei; der Bauer bedauerte das: Im allgemeinen dürften Jungen länger als Mädchen gestillt werden, um sie, wie man sagt, stark »wie ein Löwe« *(arslan gibi)* zu machen.

Auffallend an dieser Phase ist vor allem das *kundaklama*: Der Säugling wird so eng gewickelt und gebunden, daß er völlig bewegungsunfähig in seiner Wiege liegt. Dafür werden praktische Erklärungen gegeben: Ein derart gewickeltes Kind könne besser schlafen, sei ruhiger und werde nicht aus der Wiege fallen. Jedenfalls dürfte die Abhängigkeit des Kleinkindes von seiner Umwelt dadurch wesentlich gesteigert werden. Andererseits ist diese Umwelt bereit, auf jedes Bedürfnis, das das Kind äußert, einzugehen, ein Kind schreien zu lassen gilt als undenkbar. Das *kundaklama* dauert ein halbes Jahr, es ist also kürzer als die Stillzeit.

Das Muster, nach dem die erste Lebensphase organisiert wird: einerseits gesteigerte Abhängigkeit von der Umwelt, andererseits bedingungslose Bedürfnisbefriedigung durch diese Umwelt, wird in der nächsten Phase aufgegriffen und variiert. Die Kinder dürfen sich die Außenwelt freizügig aneignen, wobei Risiken in Kauf genommen werden: Die Eltern schreiten auch dann nicht ein, wenn die Eineinhalb- bis Zweijährigen mit Messer oder Schere spielen oder sich dem glühendheißen Ofen nähern. Bei Pfluger findet sich die Beschreibung folgender Szene:

»Cemgül (1½ Jahre) zieht nun unter dem ›divan‹ ein riesiges Messer und eine Zwiebel hervor. Sie versucht auf der Zwiebel herumzuschneiden, die aber zu klein ist und ihr unter dem Messer wegrutscht. Cemgül gibt es auf, schleift das Messer noch eine Weile mit sich im Zimmer herum und läßt es dann am Boden liegen. Gönül (die Mutter) geht nach draußen; darauf fängt Cemgül zu weinen an, läuft hinter ihr her, kommt dann aber beruhigt wieder zurück. Nun zieht Cemgül ein in Zeitungspapier eingewickeltes Paket mit Fladenbrot *(yufka)* unter dem ›divan‹ hervor. Gönül, die bereits wieder zurückgekehrt ist, fragt sie, ob sie Hunger habe, öffnet das Paket und gibt ihr ein Stück Yufka. Dazu erhält sie Yoghurt.« (S. 29)

Später nähert sich Cemgül dem Ofen:

»Jetzt schraubt sie an der Ofentür herum, die nur angelehnt ist. Sie schaut dem Feuer zu und will die Ofentür schließen, was ihr aber nicht gelingt. Keiner hilft ihr, keiner hat Angst, daß sie sich am heißen Ofen verbrennt.« (S. 30)

Man gewährt den Kindern Freiheit bei der Aneignung der Umwelt und ist gleichzeitig bereit, sie zu trösten – und mit Süßigkeiten vollzustopfen –, wenn sie sich dabei wehtun. Diese Freizügigkeit wird den Kindern auch bei Verhaltensweisen eingeräumt, die später sanktioniert werden. In einer Szene, die ich erlebte, verstreute der eineinhalbjährige Junge Kichererbsen, die ihm seine Mutter zum Naschen gegeben hatte, über das ganze Zimmer und drangsalierte einen alten Mann, indem er ihm immer wieder die Zeitung wegriß. Auf beides reagierte die Mutter nicht; wohl aber erhielt der Junge später einen Klaps auf die Wange, als er einem Befehl von ihr zuwiderhandelte. Die familiale Umwelt bleibt in dieser Lebensphase die Instanz, der man einerseits gehorchen muß, die einem jedoch andererseits Rückhalt, Sicherheit und Trost gewährt. Die Sicherheit, die das Kind in ihr erfährt, erlaubt ihm eine aktive und erobernde Haltung gegenüber der Außenwelt. Die Schmerzen, die damit auch verbunden sind, werden in der Familie aufgefangen. Die Unterscheidung von Innen und Außen, die das ganze Leben bestimmt, wird, denke ich, in den ersten beiden Lebensphasen erworben und später nur noch verstärkt.

In dieser Zeit werden von den Eltern zwar, was das Stillen oder die emotionale Zuwendung betrifft, Unterschiede zwischen Jungen und Mädchen gemacht, die eigentliche geschlechtsspezifische Erziehung setzt jedoch erst im Alter von ungefähr drei Jahren ein. Die Mädchen kommen in dieser Zeit, wie es die Bauern ausdrücken, »unter Aufsicht« *(gözaltına geliyorlar)*. Ziemlich unvermittelt beginnt die Mutter von ihnen zu erwarten, daß sie sich so verhalten, wie es Mädchen und Frauen ziemt: sich zu waschen und zu kämmen, nicht im Schmutz zu spielen, nicht laut oder frech zu sein, den Körper zu kontrollieren, ordentlich zu sein, mitzuarbeiten. Im übertragenen wie wörtlichen Sinn wird vom Mädchen erwartet, daß es »sauber« *(temmiz)* ist. Das für das Selbstverständnis der Frauen wesentliche Gegensatzpaar von rein/unrein wird den Mädchen in diesem Alter sehr nachdrücklich eingebleut.

Die Zeit vom dritten bis zum sechsten Jahr dürfte im Lebenslauf der türkischen Frauen eine der schwierigsten, mit vielen Traumen verbunden sein. Die Mutter, die vor dieser Zeit selbstverständlich da war, wendet sich ab, wenn das Mädchen den Erwartungen nicht entspricht, und entzieht ihm ihre Liebe; das Mädchen erfährt in dieser Zeit kaum Zärtlichkeiten. Bei Pfluger findet sich die Szene, wie ein Mädchen dazu erzogen wird zu grüßen:

»Kamile (die Mutter) will ihr beibringen, daß Gäste begrüßt werden, daß man ihnen die Hand küßt oder sie wenigstens mit einer Begrüßungsformel willkommen heißt. Sie verweigert ihrer Tochter in einem Fall den von Merjem höflich geforderten Tee, mit der Begründung, sie hätte uns nicht begrüßt. Merjem ist entsetzt über den Urteilsspruch der Mutter und zeigt das schmerzhaft verzerrte Gesicht eines Kindes, dem die Liebe verweigert wird. Sie bricht weinend in sich zusammen... Als Merjem mich wieder einmal nicht begrüßen will, im Hausflur steht und auch nicht zu uns ins Zimmer kommen will, verliert Kamile die Nerven, schlägt sie und ohrfeigt sie. Nach solchen Zusammenstößen und nach längerem Vor-Sich-Hin-Weinen, schläft Merjem meistens vor Erschöpfung ein... Man muß sich vor Augen halten, daß die Mutter dagegen niemals von Ökhan (dem 6jährigen Bruder) verlangt hat, uns oder mich zu begrüßen...« (S. 45)

Das Verhältnis der Mutter zu ihrer Tochter ändert sich erst dann wieder, wenn die Tochter das von einer Frau erwartete Verhalten erlernt hat und von sich aus die angemessene Position im Haushalt einnimmt. Im Alter von sechs Jahren dürfte dieser Prozeß abgeschlossen sein.

Die soziale Situation der Mädchen in dieser Zeit ähnelt stark derjenigen, die sie später als *gelin,* als junge Ehefrauen zu bewältigen haben: Beide Male werden sie mit den Anforderungen einer unnachgiebigen Umwelt konfrontiert, müssen sie um die äußere Anerkennung kämpfen. Das oben beschriebene »faktische« Verhalten der Frauen, die die Umwelt so nehmen, wie sie ist, und ihr gerecht zu werden versuchen, dürfte in dieser Zeit erworben werden: damit auch die den türkischen Frauen eigene Flexibilität und Offenheit.

Auch den Söhnen beginnt man zu dieser Zeit eine »Erziehung zu geben« *(terbiye vermek)*. Der Unterschied zu den Schwestern besteht darin, daß diese Erziehung als Aufgabe der Väter gesehen wird, das heißt, ein Junge geht allmählich aus der Obhut der Mutter in die des Vaters über und lernt von ihm die Arbeitstätigkeiten und Aufgaben, auf die sich ein Mann verstehen muß. Die Mutter, die an dieser Erziehung nicht beteiligt ist, braucht ihr Verhalten dem Sohn gegenüber, anders als bei ihren Töchtern, nicht zu ändern: Sie bleibt nachgiebig und zärtlich und beginnt sich wesentlich vom Vater zu unterscheiden. Wenn die Mutter etwas von ihrem Sohn verlangt, bittet sie darum und schmeichelt ihm; der Vater befiehlt. Der Sohn kann sich einer Aufforderung seiner Mutter entziehen; bei einem Befehl des Vaters ist das ausgeschlossen. Die Mutter kann ihren Sohn nicht strafen: Ein Konflikt mit ihrem Mann wäre die unvermeidliche Folge. Anders als für die Töchter bleibt für die Söhne die Mutter das ganze Leben lang ein sicherer Rückhalt.

Es kommt hinzu, daß sich ihr Übergang in die Erwachsenenwelt langsamer und unmerklicher vollzieht als der der Mädchen: Anfangs nehmen die Väter ihre Söhne nur gelegentlich mit in den Garten; erst im Alter von acht, neun Jahren müssen sie regelmäßig mitarbeiten und das Kleinvieh hüten. Den Jungen bleibt viel mehr Zeit für Freundschaften außerhalb der Familie: Während die Mädchen sich stets »innen« aufhalten, allenfalls die unmittelbare Nachbarschaft erfahren, lernen ihre Brüder das ganze Dorf kennen. Damit ist mehr verbunden als nur Bewegungsfreiheit: Die Jungen erhalten die Möglichkeit, außerhalb ihrer Familie egalitäre Beziehungen einzugehen und sich in ihnen zu behaupten, sie lernen politisches Verhalten.

Der Übergang vom Bereich der Mutter in den des Vaters wird im Ritual der Beschneidung dargestellt, das im Alter zwischen drei und sechs Jahren vollzogen werden sollte, tatsächlich aber oft aus ökonomischen Gründen verschoben wird, denn die Norm fordert, das Fest aufwendig zu gestalten. In dem Ritual wird, so heißt es, der Junge »zum Mann« *(erkek oluyor)*. Die Haltung der Väter, die mit diesem Akt ihre Nachfolger anerkennen, zeigt eine bemerkenswerte Mischung von Stolz und Aggression. Der Beschneidungsakt droht – auch und gerade dem unbeschnittenen Beobachter gegenüber – unverhüllt mit Kastration. Den Jungen wird vor der Beschneidung ohnehin ständig mit Kastrationsneckereien zugesetzt. Eine Szene aus Çavuş: Mahir sitzt bei uns und neckt den Dreijährigen. Vier-, fünfmal in einer Stunde sagt er zu ihm, er werde ihm den Schwanz abschneiden, dies mit der freundlichsten Stimme, eine zärtliche Drohung. Das geht so lange, bis das Kind, das anfangs nicht auf ihn reagiert hatte, wütend nach Mahir schlägt.

Mit der offenen Bedrohung ist aber eine ebenso offenbare Anerkennung verbunden: Der beschnittene Junge wird weiß gekleidet und gekrönt, er steht im Mittelpunkt des Festes und erhält Geschenke.

Das Beschneidungsritual zeigt die Ambivalenz des Mannes gegenüber seinem Sohn: Stolz und Haß auf den Nachfolger, der ihn ablösen, seine Stellung im Haushalt einnehmen wird. Beide Aspekte werden auch weiterhin das Verhältnis der beiden bestimmen: Je älter beide werden, desto stärker wird im Dorf die Distanz und der formale Charakter ihrer Beziehung.

Mit der Beschneidung endet das erotisch-zärtliche Verhältnis zur Mutter: Vor der Zeremonie streicheln türkische Mütter ihre Söhne oft und gerne am Penis. Das hört jetzt abrupt auf. Auch werden sich die Söhne, nachdem sie beschnitten sind, nicht mehr nackt zeigen oder mit den Frauen ins Badehaus gehen. Daß ein Mann nur als Beschnittener heiraten darf, wird streng befolgt; die erotische Trennung von der Mutter muß vollzogen sein.

Hier wird der Unterschied von Jungen- und Mädchenerziehung besonders deutlich: Bis zur Beschneidung können die Jungen nackt spielen, können in der Öffentlichkeit unbefangen ihre Penis manipulieren und werden sexuell stimuliert. Die Abkehr wird im Ritual vollzogen. Der Schmerz über den Verlust wird mit einer sozialen Prämie abgegolten; im Ritual wird dem Jungen eine Rolle angeboten, in die er nur zu schlüpfen braucht. Die Mädchen dagegen werden von frühester Kindheit angehalten, ihre Geschlechtsorgane zu bedecken; jede zufällige Enthüllung wird sanktioniert. Wie die soziale Rolle erlernen die Mädchen ihre Geschlechtsrolle über Traumen. Sie müssen diese Rolle selbständig und oft auf schmerzhafte Weise finden. Der Junge ist stark und selbstbewußt, auch inflexibel und rücksichtslos; das Mädchen dagegen offen, flexibel, aber auch bereit zurückzustekken, auf Beeinflussung der Welt zu verzichten.

Mit sechs Jahren ist der unterschiedliche Habitus in seinen Grundlinien fertig. Man kann es an türkischen Schulkindern beobachten: Auf dem Heimweg tollen die Jungen herum, sind zutraulich zu Fremden, laut, balgen sich; die Mädchen dagegen bleiben auf dem Fußweg, gehen oft Hand in Hand, sind ruhig und diszipliniert. Zu Hause schweigen sie, stehen an der Tür, warten auf die Anordnungen der Mütter.

Im Dorf sind die Bereiche von Kindern und Erwachsenen kaum getrennt: Die Kinder verbringen meist den ganzen Tag in Gegenwart von Erwachsenen; relativ bald beginnen sie mitzuarbeiten oder kleine Dienstleistungen auszuführen. Auch abends befinden sie sich mit den Erwachsenen im selben Raum; sie beteiligen sich zwar nicht an den Gesprächen, werden aber auch nicht weggeschickt. Niemand fordert sie auf, ins Bett zu gehen; werden sie müde, legen sie sich in eine Ecke und schlafen ein. Den Kindern wird also keine eigene, altersspezifische, »kindliche« Realität geschaffen: Sie haben keinen eigenen Bereich, kaum Spielsachen, keine Kinderbücher. Man lebt eher mit den Kindern, als daß man ihnen pädagogisch gegenübertritt.

Das heißt nicht, daß Kinder als »kleine Erwachsene« behandelt würden, wie es Philippe Ariès postuliert, der ähnliche Strukturen für die frühe europäische Neuzeit beschreibt. Eher gilt das Gegenteil: Den kindlichen Lebensphasen wird im Dorf genaue Bedeutung beigemessen. Kleine Kinder, sagt man, »wissen nichts«, sie sind nicht verantwortlich, junge Männer sind »heißblütig« *(delikanlı)* usw. Auch die Dienstleistungen und Arbeiten, die das Kind erbringen muß, werden entsprechend der Entwicklungsphase gefordert, in der es sich befindet. Allerdings stellt man sich die Sozialisation als Reifungsprozeß vor, der sich naturwüchsig, ohne Eingriffe der Erwachsenen vollzieht: Dem entsprechend, was es an körperlicher Stärke *(güç)* und an Verstand *(akıl)* erworben hat, werden die Erwachsenen dem Kind gegenübertreten. Eingriffe der Erwachsenen können allenfalls Fehlentwicklungen verhindern: Durch Strenge und gegebenenfalls durch Schläge kann und muß verhindert werden, daß die Kinder dem Vater den Respekt verweigern und damit auch das Gemeinwesen gefährden. Verstand und Charakter gelten im wesentlichen als etwas Gegebenes; der Gedanke, sie grundsätzlich zu beeinflussen oder zu formen, ist den Bauern fremd.

Ihr Umgang mit Kindern wirkt unbekümmert; daß man sich mit ihnen beschäftigt, hängt davon ab, ob die Arbeit eine Unterbrechung erlaubt und ob man Lust zur Unterbrechung hat; Jungen werden oft mit Kastrationsdrohungen gehänselt, bis sie wütend werden oder in Tränen ausbrechen, aber niemand denkt sich etwas Pädagogisches dabei.

Die Angst, ein Kind durch Zärtlichkeiten zu verwöhnen oder durch Drohungen zu verschrecken, existiert nicht. So wenig der einzelne versucht, Kindern gegenüber konsistent zu erscheinen und Widersprüche zu vermeiden, so wenig muß das Verhalten der verschiedenen Personen im Umfeld eines Kindes aufeinander abgestimmt werden: Der Dorfvorsteher hält es für notwendig und richtig, daß sein Sohn vor der Prügel, die er ihm selbst verabreichen will, zu seiner Mutter flüchten kann. Unterschiedliches Verhalten der Eltern wird nicht interpretiert als Rivalisieren um die Liebe des Kindes oder als gegenseitiges Ausspielen. In Çavuş erfuhr ich von mehreren Fällen, in denen ein Verwandter einem Jugendlichen Geld lieh, damit er sich, gegen den Willen des Vaters, an einer weiterführenden Schule einschreiben konnte: Da die Immatrikulation nicht rückgängig gemacht werden kann, fanden sich die Väter bald damit ab. Die unterschiedlichen Haltungen der Erwachsenen in seinem Umfeld erlauben es einem Kind, eigene Interessen zu verfolgen.

Besonders fällt auf, wie sorglos Kinder plötzlich mit neuen Anforderungen konfrontiert werden, z. B. im Alter von drei Jahren mit geschlechtsspezifischen Erwartungen. Man setzt voraus, daß ein Kind, das sprechen und seine Körperfunktionen kontrollieren kann, sich nun auch sozial zu verhalten wisse und also bestraft werden könne. Nicht pädagogische Behutsamkeit, sondern Konfrontation kennzeichnet das Erziehungsverhalten.

Diese »Unbekümmertheit« mag Kinder oft hart ankommen; gleichzeitig gewährt sie ihnen eine Freiheit, die der systematische und pädagogische Umgang mit Kindern ausschaltet: In seiner Umgebung findet das Kind immer Personen, die es, auch gegen den Willen des Vaters, unterstützen und damit dessen Strenge mildern. Das hängt mit der Idee von persönlicher Stärke und Selbstbehauptung zusammen: Ein Kind, das nicht vor Anforderungen Zuflucht finden kann, wird in den Augen der Bauern gebrochen. Sträfliche Handlungen – Aggression, Gier, auch ein Diebstahl – werden auf das Alter, nicht auf die Persönlichkeit des

Kindes zurückgeführt. Das Kind kann dann zwar hart bestraft werden, doch damit ist die Sache überstanden: Dem Kind wird weder von seinen Eltern noch von Fremden ein bestimmter Charakter zugeschrieben; es wird nicht festgelegt. Die bäuerliche Sozialisation ist mit Sicherheit härter als die bürgerliche, die die Formung des Charakters als wesentliche Aufgabe sieht; sie ist mit Sicherheit aber auch weniger totalitär.

Eng damit hängt ein zweiter Zug bäuerlicher Sozialisation zusammen: Die Kinder lernen im wesentlichen, indem sie mit den Erwachsenen leben, und nicht, indem ihnen soziales Verhalten bewußt und unter Argumentationen anerzogen wird. Die grundlegenden Kategorien von Innen und Außen, Mann und Frau erwerben sie eher implizit, als daß sie ihnen ausdrücklich erläutert würden. So vollzieht sich nicht nur soziales Lernen im engeren Sinn – Kinder werden ermutigt, beim Gastritual das Parfüm, mit dem sich die Gäste rituell säubern, auszuteilen; der Handkuß, mit dem Achtung ausgedrückt wird, wird spielerisch geübt – so werden auch alle technischen Fertigkeiten erworben: Die Jungen erlernen Arbeitstätigkeiten, die »außen« stattfinden und deren Produkte »innen« von ihren Schwestern und der Mutter weiterverarbeitet werden. Indem ähnliche oder analoge Unterscheidungen verschiedene Lebensbereiche strukturieren, werden die Unterscheidungen immer mehr verstärkt, erscheinen immer selbstverständlicher, immer stärker naturgegeben. Und je mehr das Schema verinnerlicht wird, nach dem sich die unterschiedlichsten Bereiche strukturieren lassen, desto deutlicher erwirbt man das Gefühl, was in einer bestimmten Situation angemessen ist. Diese Form des Erwerbs dürfte den ritualistischen Charakter der Regeln erklären: Wenn soziale Regeln mit Begründungen gelehrt werden, erlaubt das Widerspruch und Veränderung. Regeln, die sprachlos und implizit angeeignet werden, kann man nichts entgegensetzen, man kann sich ihnen nicht unter Berufung auf irgendwelche Argumente entziehen. Sie gelten als selbstverständlich und notwendig.

Ich will nicht übertreiben: Weder ist eine Gesellschaft vorstellbar, in der *nur* sprachlos sozialisiert wird, noch eine, in der *jede*

Regel begründet würde. Die beiden Positionen markieren Pole. Bereits innerhalb der bäuerlichen Gesellschaft muß man differenzieren: Die Männer, die häufiger und intensiver mit den argumentierenden und begründenden religiösen Lehrern zusammenkommen, sind sprachlich expliziter als die Frauen. Sie tendieren dazu, öfter und schneller Überlieferungen aufzugeben als die Frauen, die sich enger an die Traditionen halten.

Die Ehre in der Fremde

Die Migration nach Deutschland bedeutet für die dörflichen Familien eine zweifache Veränderung: Die Familie ist nicht mehr Produktions- und Konsumtionseinheit, die anderen, gleichfalls unabhängigen Familien in Gegenseitigkeitsverhältnissen gegenübersteht, sie ist jetzt eingebettet in komplexe und funktionale Zusammenhänge. Der Wert der Ehre, mit den ihm impliziten Unterscheidungen von Frau und Mann, Innen und Außen, kann in der neuen Welt nicht ohne weiteres funktionieren. Es kommt hinzu, daß die Familien einen völlig unstrukturierten Raum betreten: Anders als die Migration nach Istanbul bedeutet die nach Deutschland, daß man in einen Zusammenhang gerät, in dem nichts mehr selbstverständlich ist. Dafür gibt es die Redewendung: *Burası Almanya,* »hier ist Deutschland«, eine Formel, die immer dann gebraucht wird, wenn man sich anders verhält als in der Türkei, nicht fastet, die Frau zur Arbeit schickt oder als Mann im Haushalt mitarbeitet. Die Familien kommen in eine Situation, die mittels traditionaler Orientierungen nicht verstanden werden kann und in der sie auf der Suche nach Orientierung weitgehend auf sich selbst angewiesen sind.

In dieser Situation, in der es plötzlich zu begründen gilt, was früher selbstverständlich war, muß sich das dörfliche Weltbild umstrukturieren. Die Familie Kaynar zeigt, was geschieht, wenn man die Notwendigkeit dieser Umstrukturierung zu umgehen versucht.

Herr und Frau Kaynar bemühten sich, trotz der veränderten Situation, so weiterzuleben, wie sie es von der Türkei her gewohnt waren. Ihr Plan, sich in Istanbul niederzulassen und eine Stoffhandlung zu eröffnen, läßt keineswegs, wie oft von solchen Plänen behauptet wird, auf eine »kleinbürgerliche« Perspektive schließen: Es geht ihnen darum, die Familie als gemeinsam produzierende Einheit in einem anderen Kontext zu erhalten, ihren bäuerlichen Charakter zu wahren; um dieses Ziel zu erreichen, war die Familie auf den Beitrag eines jeden ihrer Mitglieder angewiesen. Die Unterscheidung von Innen- und Außenbeziehungen, die Betonung von Ehre und Achtung, der damit gegebene ritualistische und situationsbezogene Umgang mit Regeln, wurde von den Eltern auch hier vertreten. Im Dorf entspricht die Unterscheidung von Innen und Außen freilich unmittelbar einsichtigen, scheinbar natürlichen Handlungszwängen; Autorität erscheint als selbstverständlich und bedarf keiner Legitimation oder Begründung. In Berlin dagegen fällt die Selbstverständlichkeit weg; gleichwohl hätte Herr Kaynar von Ali vielleicht Gehorsam erlangen können, indem er immer wieder das Familienziel erläuterte – aber die Sprachlosigkeit des Vaters, die Selbstverständlichkeit, mit der er, ganz ein Bauer, allein den Kauf eines Grundstücks betrieb, zeigen, daß ihm diese Möglichkeit nicht offenstand. Der Sohn verstand den Druck des Vaters, der Vater die Situation des Sohnes nicht: Er wußte gar nicht, was er hätte begründen sollen, und verstand das Verhalten Alis ganz in dörflichen Kategorien, als Widerborstigkeit, Verweigerung von Achtung. So entstand der Teufelskreis, der mit der Flucht des Sohnes endete. – Den dörflichen Kategorien entspricht auch, daß die Mutter den Kontakt zu Ali nach der Verstoßung durch den Vater aufrechterhielt.

Dagegen läßt sich Herrn Yasas ökonomische Perspektive nicht mehr als bäuerlich charakterisieren: Sie ist an Akkumulation orientiert, Herr Yasa wird seinen Söhnen einmal mehr hinterlassen, als er selbst als Erbe übernommen hat. Er nimmt eine prinzipiell aggressive Haltung gegenüber der Umwelt ein, eine Haltung, die er durch den Ehrbegriff legitimiert: Die Familienbezogenheit, der ethische Partikularismus macht Rücksichtslosigkeit problemlos, die Opfer erscheinen als »schwach« oder »unmännlich«, nicht als Menschen, die ihrerseits Achtung verlangen könnten. Herr Yasa verachtet die deutschen Frauen, die er für Huren hält, und die Männer, die nicht in der Lage sind, ihre Frauen zu schützen. Seinem Außenverhältnis entspricht, wie er die Autorität nach innen betont: Herr Yasa fordert nachdrücklich von seinen Söhnen, ihm Achtung zu zeigen. Mit dem so verwendeten Ehrbegriff läßt sich schließlich auch rechtfertigen, daß Herr Yasa außerhalb der Ehe Beziehungen zu Frauen eingeht; und zugleich seine Frauen in ihrer Bewegungsfreiheit einschränkt.

Der von ihm ständig zitierte Ehrbegriff mag verdecken, daß sich das Weltbild von Herrn Yasa in der Migration grundlegend verändert hat: Innen und Außen sind nicht mehr aufeinander bezogen, die Autorität des Vaters im Innern garantiert nicht mehr die vom Gemeinwesen geforderten Normen und Werte; sie steht nicht einmal mehr im Einklang mit ihnen: Innen- und Außenwelt stehen sich im Denken von Herrn Yasa unvermittelt und starr gegenüber, nur seiner Familie fühlt er sich verpflichtet. Der Religion, die im Dorf die allgemeinen Normen gegen die partikularistischen durchzusetzen hilft, steht er gleichgültig gegenüber. Die Komplexität und Widersprüchlichkeit des dörflichen Denkens hat er in Richtung eines amoralischen Familialismus aufgelöst.

Das schuf große Schwierigkeiten für die Kinder. Ismail, der jüngere Bruder, der im Jugendladen freundschaftliche Beziehungen mit Deutschen eingegangen war, mußte erleben, daß seine Erfahrungen gründlich den Meinungen widersprachen, die der Vater über Deutsche zu äußern pflegte, die gleichen Leute wurden von ihm und den Eltern völlig unterschiedlich wahrgenommen. Ismail Yasa reagierte mit dem Aufbau von zwei nebeneinander bestehenden, nicht integrierten Orientierungsschemata. Obgleich das deutsche Schema weniger ausgefeilt ist als das türkische, es reicht doch aus, um sich sicher zu bewegen. Ismail selbst brachte das unvermittelte Nebeneinanderbestehen zweier Deutungsschemata prägnant zum Ausdruck: »Ich denke nichts. Wenn ich in der Türkei bin, denke ich, es ist richtig, wie es dort ist, und wenn ich hier bin, denke ich, es ist richtig, wie es hier ist. Ich denke nichts.«

Ismail griff, indem er zwei Orientierungsschemata entwickelte, auf ein Muster zurück, das die türkische Kultur selbst anbietet und das ich oben als »Situationsbezogenheit« beschrieben habe: In unterschiedlichen Situationen ist unterschiedliches Verhalten gefordert. Während aber die dörflichen Situationen in ein allen vertrautes Koordinatensystem von Ort, Zeit und sozialen Beziehungen eingebettet sind, hält Ismail die Situationsdefinitionen »Umgang mit Türken« und »Umgang mit Deutschen« strikt auseinander. So vermeidet er, Deutsche nach Hause zu bringen. Ahmed, der ältere, reagierte auf die Konstellation im Elternhaus mit der Weigerung, sich mit der deutschen Kultur überhaupt auseinanderzusetzen, er reagierte mit Passivität, Verunsicherung und Rückzug.

Weder Ismail noch Ahmed rebellierten jedoch gegen das Elternhaus. Ich erkläre mir das daraus, daß von ihnen zu Hause zwar mindestens ebenso streng Achtung gefordert wurde wie von Ali Kaynar, doch war der väterliche Druck bei weitem geringer, was ihren wirtschaftlichen Beitrag zum Familienziel betraf. Ahmed Yasa war zeitweise arbeitslos, ohne daß das zu familiären Problemen führte; von Ismail hätte der Vater zwar gern gesehen, daß er möglichst rasch Geld verdiene, er ließ ihm aber freie Hand, als Ismail eine Lehrstelle suchte. Die größere Nachsicht von Herrn Yasa mag damit zusammenhängen, daß es wesentlich einfacher ist, eine Existenz im Heimatort zu gründen als in Istanbul, worauf Herrn Kaynars Ehrgeiz ging.

Ähnlich die Haltung von Herrn Timur. Auch er betont die Werte Ehre und Achtung, doch hat das bei ihm nichts mit Geschäftsinteresse zu tun, sondern eher mit dem Bedürfnis, in der Männergesellschaft der Kreuzberger Cafés Anerkennung zu finden. Er reagiert damit auf ein Problem, dem sich alle Migranten gegenübergestellt sehen: daß man, wie sie sagen, in Deutschland seine »Jugend vergeudet«, wenn man nur für die Zukunft arbeitet, daß man aber, wenn man »leben« will, kein Geld sparen kann und letztendlich umsonst gekommen ist. Herr Timur hat sich entschieden zu »leben«, er hat die Rückkehr in die Türkei auf unbestimmte Zeit verschoben. Noch stärker als bei Herrn Yasa sieht man bei ihm den Wert der Ehre dem ursprünglichen Kontext entfremdet: Während bei Herrn Yasa noch ein Familienunternehmen den Partikularismus rechtfertigt, sollen bei Herrn Timur Ehre und Achtung bloß noch die Sonderrechte des Familienoberhaupts und sein persönliches Vergnügen legitimieren.

Die Haltung von Herrn Kemal läßt eine grundsätzlich andere Entwicklung erkennen. Bei ihm wird das Verhältnis von Innen und Außen in die andere Richtung, zugunsten allgemeinverbindlicher Normen und Werte aufgelöst. Stärker als die anderen Familien orientiert sich Herr Kemal an der islamischen Religion; die Autorität, die er als Vater fordert, die Keuschheit der Frauen und die mit ihr verbundenen Einschränkungen werden religiös begründet. Im Vergleich mit Herrn Yasa und Herrn Timur wirkt diese Haltung milder, nachgiebiger und zugleich konsequenter, insofern sich Herr Kemal die Einschränkungen, die er von anderen verlangt, auch selbst abfordert: Er lehnt zum Beispiel Ehebruch auch von seiten des Mannes ab. Die methodische Haltung des Vaters, der sich allgemeingültigen Gesetzen verpflichtet weiß, gab dem Sohn Erol, denke ich, auch die Möglichkeit zur intellektuellen Auseinandersetzung: Ohne die Position des Vaters ganz zu übernehmen, konnte er sie verstehen und respektieren. Anders als Ismail Yasa, der zerrissen wirkt, konnte sich Erol eindeutig als Türke identifizieren und als solcher sicheren Umgang mit Deutschen pflegen.

Dabei hat Herr Kemal auch seine bäuerlichen Orientierungen nie aufgegeben, wie vor allem seine ökonomische Perspektive verrät: Er hat seine Verantwortung den Kindern gegenüber erfüllt, wenn er sie so ausgestattet hat, daß sie allein leben können. Bäuerlich ist auch sein Sinn für das »Angemessene«. Daß Regeln an Situationen gebunden sind, bleibt in einem gewissen Widerspruch zur islamischen Orientierung: Wenn er einräumt, daß es außer den für ihn verbindlichen Welten andere, nicht notwendigerweise schlechtere gibt, hat er den Totalitätsanspruch dieser Weltreligion eingeschränkt. Für Erol, denke ich, waren beide Momente dieser Haltung hilfreich: Die Erfahrungen, die er mit Deutschen machte, standen nicht von vorneherein in Spannung zu den

Orientierungen, die im Elternhaus vertreten wurden, wie das in der Familie Yasa der Fall war. Die Haltung des Vaters bot Erol die Chance, die deutsche Kultur selbstbewußt kennenzulernen.

Der Islam kann die gewohnte familiale Rollenverteilung in der Fremde systematischer und damit befriedigender begründen als der Familialismus. Eine dritte Entwicklungsmöglichkeit sehe ich im Denken von Ismail Tahir: Der Verlust der Selbstverständlichkeiten führte ihn zu quasi-theoretischer Neugier. Man könnte sagen, daß er Antworten im soziologischen Diskurs sucht. Den Menschen nicht individuell, sondern gesellschaftlich zu sehen, ist ein wesentliches Element des traditionalen, situationsbezogenen Denkens. Was dies Denken bei Ismail Tahir soziologisch macht, ist die Frage, in welcher Hinsicht und warum sich die Situationen in Deutschland und in der Türkei unterscheiden. Diese Frage ist kritisch; der selbstverständliche normative Charakter der Situation löst sich auf, damit auch der ritualistische und partikularistische Zug des traditionalen Denkens.

Die Haltung von Ayşe Meyer kann andeuten, wie ganz anders die türkischen Frauen das Leben in einer fremden Kultur bewältigen. Ich habe ihre Haltung als »resignativen Pragmatismus« zu charakterisieren versucht, sie nimmt die Normen und Werte beider Kulturen fast wie Naturgesetze hin, man kann sie nicht beeinflussen. Man kann auch nicht sagen, daß die eine Kultur der anderen überlegen wäre. Darin ist die »faktische« Kompetenz, die türkischen Mädchen anerzogen wird, unschwer wiederzuerkennen: Ayşe Meyer will die Welt, so wie sie ist, bewältigen und nicht Normen irgendeiner Art durchsetzen. So versucht sie, ihre beiden in Deutschland geborenen Kinder als Deutsche aufwachsen zu lassen – was für alle hier beschriebenen Männer undenkbar wäre. Die Stärke dieser Haltung besteht in ihrer Flexibilität und Offenheit; ihre Schwäche darin, daß sie sprachlos blieb und deshalb dem Sohn Veli Aksoy nicht erläutert werden konnte. Er reagierte mit Ambivalenz und Unsicherheit: Die Liebe zu der Frau, die ihn bedingungslos akzeptierte, mischte sich mit der Wut auf sie, die in seinen Augen ehrlos lebte.

Männerfreundschaften

Gleichheit und Gegenseitigkeit

Als ich 1975 mein Praktikum im Jugendladen antrat, waren Erol Kemal, Veli Aksoy und Rüstem Tahir bereits eng befreundet. Sie trafen sich mit ungefähr zehn anderen Jugendlichen beinahe jeden Abend im Laden. Er war für sie nach ihren eigenen Worten eine Art »Club«, wo sie im kleinen Kreis zusammenkommen, unter sich bleiben und gelegentlich ein Fest feiern konnten. Ebenso, verstärkt seit 1977, besuchten sie das Jugendfreizeitheim, spielten dort zusammen in der Fußballmannschaft und nahmen an Karatekursen teil. Dort lernten sie auch die Jugendlichen kennen, mit denen sie dann in den Fall Petra Kaiser verstrickt waren. Ahmed Yasa schloß sich ihnen zu dieser Zeit an, Ali Kaynar erst ein halbes Jahr vor der Vergewaltigung. Mit der Zeit festigte sich der aus acht bis zehn Jugendlichen bestehende »Kern« der Gruppe, unter ihnen Erol Kemal, Veli Aksoy, Rüstem Tahir und Yusuf Timur. Die Wohnung in der Frankestraße stabilisierte die Gruppe. Diese Wohnung, etwas männertümelnd »Kaserne« genannt, diente ihr als Treffpunkt, der, anders als die pädagogischen Einrichtungen des Bezirks, zeitlich unbegrenzt zur Verfügung stand; nur ausnahmsweise übernachteten sie auch dort. Wenn sie nun ins Jugendfreizeitheim kamen, zur freitäglichen »Disco« z. B., traten sie deutlich erkennbar als Gruppe auf. Ich werde sie im weiteren die *ältere Gruppe* nennen.

Drei der Jugendlichen, unter ihnen Ismail Yasa, die noch 1981 in der *jüngeren Gruppe* waren, hatten 1975 versucht, sich den Älteren anzuschließen, wurden aber von denen, vor allem wegen des Altersunterschieds, nicht akzeptiert – die Jüngeren waren zu der Zeit zwölf und dreizehn Jahre alt und sehr laut und lebhaft. Im Laden wurde deshalb eine eigene Gruppe für sie eingerichtet, die sich im Laufe der Jahre ebenfalls festigte. Irgendwann 1977 legten sie sich einen etwas patriotischen Namen zu: *Göktürkler,* »Himmelstürken«, ein Name der sich aber nicht lange hielt. Auch diese Gruppe hat einen Kern von sieben bis acht Jugendlichen, die sich fast täglich über mehrere Jahre hinweg trafen.

Den Jugendlichen, die regelmäßig kamen, schlossen sich kürzer- oder längerfristig Bekannte an, oft ihrerseits kleinere Freundesgruppen von zweien oder dreien. Einem Fremden wäre oft schwergefallen herauszufinden, wer von den Anwesenden erst seit wenigen Tagen und wer seit Jahren in die Gruppe kam. Die Jugendlichen bezeichneten sich selbst nie als »Gruppe«, sondern sprachen von sich nur als »wir Freunde«. Meine Unterscheidung zwischen »Kern« und »Bekannten« wurde von ihnen nicht getroffen.

Beruf beziehungsweise Ausbildungsstand spielte bei der Gruppenzusammensetzung und bei der Stellung der einzelnen keine beobachtbare Rolle. Vor allem die *jüngere Gruppe* war in dieser Hinsicht sehr heterogen. An den Abenden trafen sich Lehrlinge und Hauptschüler mit Jugendlichen ohne Ausbildung und solchen, die ihr Abitur in der Türkei gemacht hatten. Die *ältere Gruppe* war homogener: Bis auf Rüstem Tahir, den Schweißer, waren alle Hilfsarbeiter. Die Biographien zeigen aber, daß solche Aufstellungen bei ausländischen Jugendlichen beliebig sind: Ihre Schullaufbahn ist oft ausschließlich von äußeren Faktoren bestimmt – vor allem dem Zeitpunkt der Übersiedlung nach Deutschland.

Bemerkenswert an beiden Gruppen war, daß eine Hierarchie fehlte. Wenn Entscheidungen getroffen werden mußten, beteiligten sich in der Regel alle lautstark an den Debatten. Einzelne lehnten es ausdrücklich ab, für die Gruppe zu sprechen. Gleichheit bestimmte auch die normalen Gespräche der Jugendlichen: Sie saßen oft stundenlang zusammen und erzählten mit einer gewissen rhetorischen Brillanz von den Möglichkeiten, Zollbeamte zu bestechen, von Erlebnissen mit Frauen und Auseinandersetzungen im Arbeitsamt; dabei kam jeder zu Wort, kaum einer wurde unterbrochen und nur selten versuchte jemand, seine Meinung durchzusetzen.

Ein Konflikt in der *jüngeren Gruppe,* der sich im Dezember 1980 bei einer Fortbildungsveranstaltung in Neckargerach zutrug – der heftigste Konflikt, den ich in beiden Gruppen erlebt habe – lehrt, daß die Gleichheit im Erscheinungsbild der Gruppe wesentlich für ihr Konzept von Freundschaft *(arkadaşlık)* ist. Er verdeutlicht auch die Mechanismen, mit denen die Gleichheit gegen Herausforderungen verteidigt wird.

Yilmaz, lebhaft, leicht in Wut geratend, aber auch rasch wieder beruhigt, hatte mehrmals und teilweise mit Erfolg versucht, seine Meinung in der Gruppe durchzusetzen. Das führte zu Unmut: »Der kommandiert immer rum. Was denkt er denn, wer er ist?« Der Anlaß des offenen Konflikts war eher beliebig. Yilmaz und zwei seiner Freunde hatten die drei türkischen Betreuer zu sich auf ihr Zimmer eingeladen. Die Betreuer, Studenten, hatten zugesagt, dann aber die Jugendlichen versetzt und sich einer anderen Gruppe angeschlossen, die sich im Gemeinschaftsraum zusammengefunden hatte. Nach einiger Zeit betraten Yilmaz und seine beiden Freunde den Gemeinschaftsraum. Yilmaz, sichtlich angetrunken und sehr erregt, drehte die Musik ab und forderte alle auf, sich zu setzen. Als einziger stehend, trug er beredt und ausführlich vor, daß er sich durch das Verhalten der Betreuer verletzt fühle, und forderte sie zu einer Stellungnahme auf. Einer von ihnen gab zu, einen Fehler gemacht zu haben, und entschuldigte sich; die beiden anderen redeten sich heraus. Yilmaz bezeichnete sie – auf deutsch – als »Arschgeigen«. Das war ernst, ein deutlicher Angriff auf die Ehre, der die Betreuer hilflos ließ: Einer sagte, er weigere sich mit Yilmaz zu diskutieren, der sei ja betrunken. In diesem brenzligen Augenblick sprang ein zweiter Jugendlicher, Aydin, auf und stellte sich vor Yilmaz: Welches Recht Yilmaz sich herausnehme, fragte er, hier jemanden zu beleidigen? Rede gab Gegenrede, schließlich erklärte der physisch deutlich schwächere Aydin, wenn Yilmaz sich hier mit jemandem anlege, bekomme er es mit ihm zu tun. Darauf Yilmaz, drohend: »Komm, geh'n wir raus«; pathetisch zog er sich das Hemd aus. In diesem Augenblick erhob sich Yaşar, der ältere und wesentlich stärkere Bruder Aydins, forderte Aydin auf, sich zu setzen und stellte sich seinerseits vor Yilmaz: »Bevor du ihn schlägst, schlage mich.« Damit wuchs die Spannung. Yilmaz und Yaşar ließen keinen Zweifel an ihrer Bereitschaft, sich zu prügeln, beide waren wütend und laut; Yaşar hatte Tränen der Wut und Erregung in den Augen. Dennoch schien die Situation unter Kontrolle. Die anderen saßen im Kreis um die Kontrahenten, ruhig, aber bereit dazwischenzugehen, wenn es tatsächlich zu einer Schlägerei kommen sollte. Auch als Yaşar sich setzte, stand immer nur einer auf und stellte sich Yilmaz gegenüber. Als einmal, in einem besonders erregten Augenblick, mehrere aufsprangen, sorgte einer der Jugendlichen dafür, daß sie sich wieder setzten. Es wurde bald deutlich, daß sich eine Gruppenmeinung gegen Yilmaz herausbildete. Einer der Freunde, der mit ihm gekommen war, forderte ihn fast bittend auf, den Raum zu verlassen. Yilmaz gab schließlich nach und ging in sein Zimmer. Er wurde von mehreren Jugendlichen begleitet, die mit ihm reden wollten, um eine Möglichkeit zur Beilegung des Konflikts zu finden.

Dieser Konflikt verdeutlicht, daß die Gleichheit durch die Fähigkeit und die Bereitschaft, eine Herausforderung anzunehmen und sie angemessen zu erwidern, aufrechterhalten wird. Der zur Schau getragene Wille eines jeden, zur eigenen Meinung zu stehen, das heißt, es unter Umständen auf eine körperliche Auseinandersetzung ankommen zu lassen, garantiert, daß kein einzelner der Gruppe seinen Willen aufzwingen kann – wie es Yilmaz versucht hatte. Jugendliche, die dazu nicht in der Lage sind, gelten als »schwach« *(zayıf)* oder gar als »verrückt« *(deli)*. Das vernichtende Urteil über Orhan Dümen ist auf diesem Hintergrund zu verstehen: »Orhan ist ein bißchen verrückt *(deli)*. Er hat keine eigene Meinung und kann nicht nein sagen. Er stellt beispielsweise eine Behauptung auf. Wenn dann jemand widerspricht, nimmt er sie zurück.« In diesem Kontext wird auch der Vorwurf, der Veli Aksoy gemacht wurde, verständlich: Er passe sich immer dem Gruppenkonsens an, lüge und übertreibe, wenn er glaube, daß dies seinem Status in der Gruppe nütze.

Auch die beiden Studenten waren nicht in der Lage, auf die Herausforderung durch Yilmaz angemessen zu reagieren: Weder bekannten sie sich zu ihrem Fehler, wie es der dritte Betreuer tat, noch wurden sie ihrerseits offensiv. Yilmaz reagierte auf ihre Ausflüchte mit einem gröberen Angriff, der eigentlich nur noch mit der Aufforderung zum Zweikampf angemessen hätte beantwortet werden können. Anders als wenig später Aydin, machte der Betreuer da einen Rückzieher.

Wenn die Bereitschaft eines jeden zu körperlicher Auseinandersetzung der letzte Garant der Gleichheit aller ist, so gilt gleichermaßen, daß ein tatsächlicher Zweikampf unter allen Umständen vermieden werden muß. Die Gleichheit wäre nämlich als Fiktion entlarvt, wenn es nach Schlägereien Sieger und Besiegte, Stärkere und Schwächere gäbe. Die Auseinandersetzung in Neckargerach zeigte zwei Mechanismen, die das verhindern. Zum einen übt die Gruppe als solche regulierenden Einfluß aus: Jeder im Kreis verfolgte wachsam den Disput und hielt sich bereit zum Eingriff, sollten tatsächlich Schläge ausgetauscht werden. Der zweite Mechanismus ist der der Stellvertretung, der in diesem Konflikt zweimal bedeutsam wurde: Als Aydin die Position des Studenten übernahm und als sein Bruder Yaşar ihn ersetzte. Die Berechtigung, die Sache eines anderen zur eigenen zu machen, wurde in keinem Fall in Frage gestellt. Die Regel der Stellvertretung sorgt dafür, daß sich ungefähr Gleichstarke gegenüberstehen. Dieser kontrollierte Charakter der Auseinandersetzung entzog sich übrigens den deutschen Jugendlichen, die den Streit verfolgten: Sie nahmen nur die Lautstärke und die zur Schau getragene Kampfbereitschaft wahr und empfanden das ganze als »kriminell«.

Beide Kontrollmechanismen sind sehr erfolgreich. In keiner der beiden Gruppen ist es, solange ich sie kannte, je zu einer Schlägerei gekommen. Die Kontrolle der Gruppe erlaubt eine heftige und offene Auseinandersetzung und ermöglicht Selbstbehauptung auch gegen den physisch Stärkeren. Mut und Selbstbewußtsein, nicht aber Körperkraft ist gefordert. Paradoxerweise beruht in beiden Gruppen die Stellung jedes Mitglieds letztendlich auf seiner Bereitschaft zu kämpfen; gleichwohl hängt sein Status nicht von seiner Kraft ab: Es gibt allenfalls Spekulationen darüber, wer der Stärkere in der Gruppe ist; eine Position leitet sich daraus nicht her.

In Neckargerach wurde allerdings die Meinung vertreten, daß es nicht so weit wie in diesem Fall hätte kommen dürfen. In

Aydins Worten: »Wir spazieren miteinander, spielen miteinander, sind Freunde, sehen uns jeden Tag. Warum geht er dann her und sagt: ›Komm, gehen wir raus!‹ Warum setzt er sich nicht auseinander, wie es unter Freunden *(arkadaş)* üblich ist, sondern verhält sich wie gegenüber jemandem, der fremd ist?« Der beschriebene Konflikt war eine Ausnahme. Es fällt auch schwer sich vorzustellen, wie die Fiktion der Gleichheit und damit die Grundlage der Beziehungen aufrechterhalten werden könnte, wenn sie allzuoft infrage gestellt würde.

Es lag wohl vor allem an dieser Einschätzung und auch an dem Gefühl, daß Yilmaz aus einer Mücke einen Elefanten gemacht hatte, daß sich die Gruppenmeinung allmählich gegen ihn kehrte. Als Yilmaz es bemerkte, zog er sich zurück. Die Jugendlichen, die ihn begleiteten, riefen eine Stunde später erst Yaşar, dann auch Aydin hinzu. Eine Einigung – die allerdings schon am nächsten Tag zerbröckelte – wurde möglich, als Yilmaz erklärte, daß er mit dem Satz: »Komm, gehen wir raus!« nicht gemeint habe: »Schlagen wir uns!« sondern: »Gehen wir beide nach oben und besprechen das ganze in Ruhe.« Die Jugendlichen, froh eine Formel gefunden zu haben, die niemanden zwang, eine Niederlage einzugestehen, brachten den immer noch wütenden Aydin dazu, Yilmaz die Hand zu reichen. Die offensichtliche Hohlheit der Formel zeugt von dem Bemühen, die Niederlage, also Schwäche Yilmaz' zu verschleiern – sonst wäre die Grundlage der Beziehung zerstört gewesen.

Die Öffentlichkeit sorgt nicht nur für die Kontrolle des Konfliktverlaufs, man kann auch zu einer Entscheidung kommen: Yilmaz war in dem Augenblick unterlegen, als sich die Gruppenmeinung gegen ihn kehrte. Daß die Gruppe diese Funktion hat, wird auch aus einer früheren Auseinandersetzung deutlich, von der Yaşar am selben Abend erzählte: Yilmaz hatte die *Elektrosaz* (eine türkische Laute) an die Stereoanlage des Jugendladens angeschlossen und sie voll aufgedreht. Yaşar war der Meinung, daß die Anlage damit überlastet sei, und forderte Yilmaz auf, die Lautstärke zu verringern. Es kam zu einer Auseinandersetzung, in der Yilmaz wiederum Yaşar aufforderte, mit ihm vor die Tür zu gehen. Die Argumentation Yaşars, Yilmaz werde die Anlage kaputtmachen und damit den Jugendlichen schaden, die Tag für Tag in den Laden kommen, wurde schließlich damit beantwortet, daß Yilmaz sich bereit erklärte, sie gegebenenfalls zu ersetzen. In diesem Fall gelang es Yilmaz, die Gruppe zu überzeugen, und Yaşar gab nach. Die Gruppe als ganze bildet so eine Art Forum, das es zu überzeugen gilt, und dem die unterschiedlichen Auffassungen vorgetragen werden können.

Die Figur von Herausforderung und Erwiderung, die gleichzeitig emotional und kontrolliert sind, prägt auch das äußere Erscheinungsbild beider Gruppen: Ständige Kraftproben, ein spielerischer Abtausch von Box- und Karateschlägen und halb ernste, halb spaßhafte Ringkämpfe waren üblich. Auf dieser spielerischen Ebene galt es gleichfalls Haltung zu bewahren, Schwäche und Furcht nicht zu zeigen und insgesamt die Kontrolle nicht zu verlieren.

Ali Kaynar war nicht in der Lage, sich in diesem Spiel zu behaupten. Er war physisch stärker als die meisten anderen, aber zu unkontrolliert: Er wurde wütend und tatsächlich gewalttätig. Die Gruppe isolierte ihn und machte ihn wiederholt zur Zielscheibe kollektiver Aggressionen: So sperrten sie ihn einmal in den Wandspind des Jugendfreizeitheims, aus dem er sich nur mit Gewalt befreien konnte.

Ali Kaynar war zu abhängig von der Gruppe, als daß er sie hätte verlassen können; er blieb trotz der Erniedrigungen. Anders Veli Aksoy. Als sein Ruf ruiniert war, weil Ali Kaynar ihn der passiven Homosexualität bezichtigt hatte, ließ er sich nicht mehr in der Gruppe blicken und reiste in die Türkei zurück. Eine Erniedrigung dieser Art war mit der Gruppenzugehörigkeit unvereinbar.

In der Struktur von Herausforderung und Erwiderung, die der Bewahrung von Gleichheit dient, kehrt sich die Struktur von Gabe und Gegengabe um, die Beziehungen zwischen Gleichen zu stiften erlaubt. Beiden unterliegt die Idee der Gegenseitigkeit. Der Gabentausch wurde von den Jugendlichen besonders in der Form der Gastfreundschaft sehr ernst genommen: Ebenso streng wie in der Türkei achten sie darauf, daß jeweils einer die Gastgeberrolle übernimmt und die anderen einlädt. Bezahlt man nach *Alman usüllü,* nach »deutschem Brauch« jeder für sich, wird keine Beziehung gestiftet; ist einer dagegen Gastgeber, so stehen die anderen in seiner Schuld, eine Gegengabe wird erbracht werden und die Beziehung wird andauern. Die Bedeutung, die die Jugendlichen den gegenseitigen Einladungen zum Abendessen – anläßlich eines Geburtstages oder weil einer den Führerschein erworben hatte – beimaßen, zeigt sich an den hohen Summen, die die Gastgeber ausgaben: Bekir Otyam zahlte für das Essen am Abend der Vergewaltigung 350,– DM. Gelegentlich, wenn ein Fest arrangiert wurde, kam es zu Konflikten, wer Gastgeber sein durfte.

Ein erheblicher Teil der Kritik, die während und nach der Auseinandersetzung in Neckargerach von den Streitenden formuliert wurde, betraf diese Norm der Großzügigkeit. Yaşar über Yilmaz: »Yilmaz ist mit seinen Freunden im Auto weggefahren, um einen Ausflug zu machen. Plötzlich hat er gesagt: ›Laß uns Geld für Benzin sammeln.‹ Mensch, wenn ich Freunde einlade, kann ich doch kein Geld einsammeln.« Ein andermal habe Yilmaz einen dritten Freund aufgefordert, ihm zehn Pfennige, die er ihm bei einer Taxifahrt schuldig geblieben sei, zurückzugeben. »Ein Zehnpfennigstück! Mensch, das finde ich doch auf der Straße!«

Der Gegenvorwurf, den Yilmaz erhob, zeigt, daß neben Gabentausch im engeren Sinn auch gegenseitige Hilfe und Solidarität erwartet werden: »Neulich bin ich in der Diskothek von acht Kurden zusammengeschlagen worden. Ich will mich an meine Freunde wenden, um mir das nicht gefallen lassen zu müssen. Ich gehe also zu Aydin. Aydin kommt mit einem Auto, 80 PS. Ich sage: ›Komm, gehen wir in die Kneipe und schlagen die Kurden!‹ Er sagt: ›Ich habe keine Zeit.‹ «

Als man schließlich auf dem Höhepunkt der Auseinandersetzung die Beziehung für beendet erklärte, wurde auch das in die Sprache von Gabe und Gegengabe gekleidet: Aydin erklärte, er denke nicht mehr daran, Yilmaz zu helfen, wenn der sich mit Autoreparatursorgen an ihn wende.

Die Beziehungen in den Freundesgruppen, die Betonung von Selbstbehauptung, Gleichheit und Gegenseitigkeit ähneln strukturell sehr stark den Außenbeziehungen, die ein Mann im türkischen Dorf hat. Die türkischen Jugendlichen gestalten ihre Beziehungen zueinander nach dem traditionalen Muster. Die Erklärung dafür möchte ich in der Bedeutung suchen, die die Freundesgruppe für diese Jugendlichen in Deutschland gewinnt.

Die Gruppe in der Fremde

Sind die Familienbeziehungen bestimmt durch Achtung, Autorität und weitreichende Meidungsvorschriften – freilich auch durch Wärme und bedingungslosen Rückhalt –, so charakterisieren Freundesgruppen Gleichheit, Gegenseitigkeit und Freundschaft: Die Gruppe stellt eine Gegenwelt zum Elternhaus dar, denn unter den Gleichaltrigen kann der junge Mann ausleben, was ihm zu Hause die Achtung vor dem Vater verbietet, er kann rauchen, trinken und braucht sich bei der Wahl seiner Gesprächsthemen keine Einschränkungen aufzuerlegen.

Das Bedürfnis nach dieser Gegenwelt wird von den Eltern akzeptiert. Es gilt als selbstverständlich und keineswegs als Infragestellung der Familie, daß sich die jungen Männer nach außen orientieren und die meiste Zeit zusammen mit ihren Freunden leben. Bei meinen Gesprächen gaben die Eltern stets zu erkennen, daß sie wußten, wie die Normen der Gruppe von denen des Elternhauses abwichen, daß Alkohol getrunken wurde, manchmal Glücksspiele gespielt und Prostituierte aufgesucht wurden. Allerdings war ihr Wissen vage, man wußte, daß all dies in Männergruppen üblich ist, ohne sicher zu sein, ob dies auch für die Gruppe galt, in der der eigene Sohn verkehrte. Die Eltern machten keine Anstalten, Genaueres herauszufinden; wie ihre Söhne hielten sie die Situationen getrennt.

Trotz dieser Trennung erklären sich Schwierigkeiten in den Freundesgruppen oft aus familiären Problemen: Die Familiensituationen von Orhan Dümen, Veli Aksoy und Ali Kaynar waren schwierig, sie waren mehr als andere auf die Beziehung zu den Freunden angewiesen. Deshalb wagten Veli und Orhan nicht selbstbewußt aufzutreten und sich zu ihrer Meinung zu bekennen; deshalb blieb Ali, trotz der Erniedrigungen, in der Gruppe.

Die Gruppe bildet eine Gegenwelt zum Elternhaus – noch stärker ist ihre Bedeutung für die Selbstbehauptung in einer Umwelt, die primär als feindlich erfahren wird.

Meine Gespräche mit den Jugendlichen offenbarten immer wieder ein erschreckendes Ausmaß von alltäglichem Rassismus in der Bundesrepublik. Schmierereien (»Türken raus«) und beiläufige Äußerungen in der U-Bahn: »Wenn die Frauen so ganz komisch angezogen sind, dann gucken sie (die Deutschen): ›Guck mal, die Türken, die stinken ja wieder‹«; die bittere Erfahrung, bei jeder Auseinandersetzung als Ausländer klassifiziert zu werden, mitunter in ganz kruder Form: »Dann (nach einem kleinen Fahrradunfall) ist er zu mir gekommen: ›Weißt du was? Du bist das größte Schwein, das ich bisher auf der Welt gesehen habe: Euch Ausländergesindel müßte man ausrotten!‹ hat er gesagt.« Sehr groß sind schließlich die Einschränkungen, die die Jugendlichen beim Besuch von Lokalen erleben: »Bald kommen wir nicht mal mehr ins Lokal rein. Wenn drei Mann von uns reinkommen, dann sagt der Wirt: ›Ich mach zu.‹« Vor Diskotheken, klagten sie, werden sie aufgefordert, Klubkarten zu zeigen; wenn sie dann welche erwerben wollen, werde ihnen gesagt, die Karten seien alle ausgegeben. Auch zahlreiche diskriminierende Äußerungen von Polizisten wurden zitiert. Kennzeichnend ein Dialog an der Grenze: Einer der türkischen Betreuer aus dem Laden schiebt sich im Zug am Grenzbeamten vorbei, um zu seinem Abteil zu gelangen, wo sich der Paß befindet; der Beamte: »Was machen Sie da, Sie sind hier nicht in der Türkei«, der Betreuer: »So können Sie nicht mit mir reden. Ich lebe seit zwölf Jahren in Deutschland«, der Beamte: »Das macht Sie noch lange nicht zum Deutschen.« Rasch ist man auch mit Verdächtigungen an der Hand: Vier Jugendliche wurden bei einer Verkehrskontrolle aufgefordert, den Kofferraum zu öffnen, und als die Beamten einen Kasten mit Cola entdeckten, fragten sie sofort, wo er gestohlen worden sei.

Wie die Freundesgruppe rassistische Unterstellungen abwehren kann, das habe ich in Neckargerach beobachtet. Die deutschen Jugendlichen hatten, von den Betreuern aufgefordert, ihre Vorurteile gegen Türken auf einer Wandzeitung niedergeschrieben. Notiert wurde unter anderem, daß Türken nach Knoblauch riechen, deutsche Frauen »anmachen«, Frauen vergewaltigen, Messerstecher sind, alles verdiente Geld in die Türkei schicken (!), alle ihre Kinder zum Einkaufen mitnehmen (!), laut sind usw. Die türkischen Jugendlichen waren wütend und enttäuscht von den Deutschen; einige beschlossen, sich zurückzuziehen und den Fortbildungskurs zu boykottieren. Erst in der Gruppe konnte das individuelle Gefühl, verletzt worden zu sein und sich deshalb zurückziehen zu müssen, überwunden werden: Gemeinsam konnten sie differenziert zu den vorgebrachten Punkten Stellung nehmen. Einige Vorwürfe bestritten sie (das Riechen); bei anderen wiesen sie auf die Absurdität des Vorwurfs hin (daß die Kinder zum Einkaufen mitgenommen werden); bei dritten kritisierten sie die Verallgemeinerung (Vergewaltigung). Den Vorwurf, Messerstecher zu sein, gaben sie an den kurdischen Bevölkerungsteil weiter, und zu der Einschätzung, daß Türken Frauen »anmachen«, bekannten sie sich selbstbewußt (»macht doch Spaß«).

Die Gruppe konnte auch Stellung zu wesentlich sublimeren Formen des Vorurteils beziehen, wie sie sich zum Beispiel in den Filmen durchaus wohlmeinender deutscher Filmemacher finden: An ihnen kritisierten die Jugendlichen, daß sie das türkische Familienleben allzusehr nach ihren eigenen Emanzipationsidealen interpretieren und es zum Beispiel einseitig als Akt der Befreiung werten, wenn türkische Frauen mit ihren Eltern brechen.

Beide Diskussionen waren von den Betreuern provoziert. Im Alltag wird die kognitive Auseinandersetzung mit Vorurteilen wahrscheinlich weniger systematisch und konzentriert betrieben und beschränkt sich auf einzelne Punkte. Die Diskussionen zeigten den in der Gruppe üblichen »kompilatorischen« Gesprächsstil: Jeder trug Argumente und Erfahrungen, meist in der Form von Episoden bei, das Material wurde gleichsam angehäuft, nicht aber kritisiert oder kontrovers diskutiert. Der einzelne wird in diesen Gesprächen bekräftigt und bestätigt, nicht aber in Frage gestellt: So hatte es bei diesen Gesprächen immer den Anschein, als seien alle einer Meinung. Die Gruppe kann Angriffen differenzierter und selbstbewußter begegnen als es jedem für sich möglich wäre, andererseits haftet dem ganzen ein unbestreitbar konservativer Zug an: Eine Auseinandersetzung über die eigenen Normen und Werte findet nicht statt, auch dann nicht, wenn gestritten wird. Bei der geschilderten Auseinandersetzung in Neckargerach wurde immer nur bemängelt, daß der Gegner sich nicht an die Gruppennormen gehalten habe; die Normen selbst wurden an keiner Stelle problematisch.

Die Gruppe ist nicht nur für die kognitive Auseinandersetzung mit der deutschen Umwelt relevant, sie stellt auch einen Ort dar, an den man sich im Alltag zurückziehen kann. Der Abend eines Hauptschülers: »Bis sechs Uhr zu Hause bleiben, dann gehen wir irgendwohin, ins Jugendfreizeitheim. Sonst, wenn wir irgendwohin gehen, zum Beispiel in eine Spielhalle oder in eine Kneipe, da kommen die und sagen: ›Die Scheiß-Ausländer, die müssen raus.‹ Da gibt es eine Schlägerei. Deshalb gehen wir nicht in Kneipen.« In diesem Sinn argumentierte Erol Kemal, als er seinem Vater gegenüber begründete, weshalb er eine Wohnung anmieten wollte: Sie hätten das Bedürfnis, sich aus den Kneipen zu »retten« *(kurtarmak)*.

In der Gruppe kann man schließlich der Diskriminierung offensiv begegnen, sich Rechte nehmen, die sonst verweigert werden: »Wir gehen zum Ku-Damm Eck, wollen vernünftig Kaffee trinken, wa? Da steht einer gleich vor der Tür da, sagt er: ›Hier dürft ihr nicht rein!‹ Ich sage: ›Nanu? Also wieso dürfen wir hier nicht rein?‹ Sagt er: ›Na verboten, Klubkarte.‹ – ›Sag mal, wofür denn Klubkarte? Wir wollen Kaffee trinken. Wir wollen nicht tanzen.‹ – ›Nee‹, sagt er, ›ihr dürft nicht rein.‹ Sag' ich: ›Wieso denn? Haben wir Hausverbot, oder was?‹ – ›Nee‹, sagt er, ›Türken dürfen nicht rein.‹ Sag' ich: ›Ich geh' aber rein, wa!‹ Und er wollte mich aufhalten, aber er hat es nicht geschafft. Ich bin reingegangen, trotzdem, wa?... Da bin ich runtergegangen, da habe ich den Wirt gefragt. Sage ich: ›Der Herr läßt uns nicht rein. Hat er ein Recht dazu?‹ Sagt er: ›Eigentlich nicht, habt ihr Hausverbot?‹ Ich: ›Nee!‹ Sagt er: ›Dann dürft ihr mal rein.‹ Dann sind wir reingegangen und haben unseren Kaffee getrunken, für einen Kaffee haben wir vier Mark bezahlt.«

Bei diesen Auseinandersetzungen bietet die Gruppe oft auch elementaren physischen Schutz. Die *ältere Gruppe* war 1976 zeitweise ein- bis zweimal im Monat in Schlägereien mit Deutschen verwickelt. Erol erzählte damals, daß es regelmäßig die Deutschen seien, die die Auseinandersetzungen beginnen; die Türken, setzte er mit einigem Stolz hinzu, behielten aber letztendlich die Oberhand.

Andererseits konnte die Existenz der Gruppe selbst Konflikte auslösen. Aufschlußreich finde ich einen Vorfall, bei dem einige aus der *älteren Gruppe* zum ersten Mal verhaftet wurden: Kurz nach Neujahr 1974 war eine Gruppe von ungefähr 30 türkischen Jugendlichen am U-Bahnhof Hermannplatz ausgestiegen und hatte auf dem Bahnsteig einige Feuerwerkskörper explodieren lassen. Der diensthabende Beamte schrie sie an, sie sollten das lassen. Dennoch wurden weitere Körper gezündet. Ein Blumenhändler, der seinen Stand auf dem Bahnsteig hatte, mischte sich ein: Mit einer Holzstange bewaffnet, sprang er aus seinem Stand und versetzte einem der Jugendlichen einen so heftigen Schlag auf den Oberarm, daß dieser brach. Dann flüchtete er in das Häuschen, in dem Fahrkarten verkauft werden, und alarmierte von dort die Polizei. Die Jugendlichen umringten das Häuschen. Der Polizeieinsatz wurde sehr brutal mit Schlagstöcken durchgeführt. Gegen die Jugendlichen wurde Anzeige wegen gemeinschaftlicher Freiheitsberaubung erstattet. Der Beschluß des Jugendgerichts lautete auf jeweils vier Tage Arbeit in einem Krankenhaus. (So berichtete es Rüstem Tahir.)

Die Episode läßt eine Spirale der Kriminalisierung erkennen: Die feindliche Haltung der Umwelt verweist den einzelnen auf die Gruppe, damit er sich behaupten kann; gleichzeitig fördert das Auftreten in Gruppen die aus Angst wohl ebenso wie aus

Vorurteilen genährten Aggressionen der Deutschen und führt zu Reaktionen wie der des Blumenhändlers oder zu Polizeieinsätzen, die gegen ausländische Jugendliche oft besonders brutal ausgeführt werden.

Das wird auch bei dem zweiten Konflikt deutlich, bei dem einige aus der *älteren Gruppe* in Berührung mit der Polizei kamen: Nach einem Abendessen, das anläßlich der bestandenen Führerscheinprüfung gegeben wurde, vermißte der Gastgeber 1000 Mark, die er eingesteckt hatte. Die Jugendlichen beschlossen gemeinsam zur Polizei zu gehen. Auf dem Revier kam es zu einer Auseinandersetzung, als die Beamten sich wegen der sehr vagen Angaben der Jugendlichen außerstande erklärten, etwas zu unternehmen. Die Jugendlichen interpretierten das als Mißachtung und gelangten zu der Überzeugung, daß ihnen die polizeiliche Hilfe verweigert werde, weil sie Türken seien. Mit der Drohung, die 1000 Mark innerhalb einer Stunde wieder reinzuholen, verließen sie das Revier. Bei dem Versuch, in ein Fernsehgeschäft einzubrechen, wurden sie wenig später verhaftet. (So berichtete es Ayşe Meyer.)

Auch hier machte die Gruppe Mut, wirkliches oder vermeintliches Unrecht zu vergelten. Der Fall zeigt zugleich, wie rasch eine durch Rassismus geprägte Situation verhärtet: Diskriminierung wird unter Umständen auch dann unterstellt, wenn sie gar nicht in der Absicht des Gegenübers liegt.

Beide Fälle zeigen, wie die Situation eine gewisse Eigendynamik gewinnen kann: Die einzelnen rutschen in delinquentes Verhalten hinein, ohne es zu beabsichtigen, denn es ist kaum vorstellbar, daß einer sich dem Gruppendruck hätte entziehen, die geforderte Solidarität hätte verweigern können. Bemerkenswert finde ich auch, daß beide Delikte einen eher defensiven Charakter zeigen, Antworten auf eine tatsächliche oder vermeintliche Provokation durch die deutsche Umwelt sind. Im Gegensatz zu der Hypothese von Albrecht und Pfeiffer (1979, S. 52), daß die höhere Kriminalitätsbelastungsziffer bei Roheitsdelikten Folge der »Identitätsdiffusion« von ausländischen Jugendlichen sei, möchte ich die hier beschriebenen Konflikte eher als Versuche werten, die eigene Identität in einer feindlichen Umwelt zu behaupten. Nichts deutet für mich darauf hin, daß diese Jugendlichen von sich aus jemanden überfallen, ausrauben oder eine Schlägerei provozieren würden.

Eine Episode aus Neckargerach zeigt auch, daß der Diskussionsprozeß in der Gruppe den Ausbruch eines Konflikts verhindern kann: Die Gruppe wurde am Abend nicht in die Diskothek eingelassen, weil ein Mädchen unter 18 Jahre alt war. Yaşar wollte darauf eine Auseinandersetzung mit dem Türsteher beginnen, wurde aber von Yilmaz daran gehindert: Yilmaz berief sich auf türkische Jugendliche aus dem Ort, die ihn gebeten hätten, keine Auseinandersetzung zu beginnen, weil sie ein Hausverbot in der Diskothek, der einzigen weit und breit, befürchteten.

Das Konzept der Männerfreundschaft

Ich habe schon gesagt, daß die Beziehungen in der Freundesgruppe strukturell den Außenbeziehungen ähneln, die ein Mann in der Türkei unterhält. Das gilt insbesondere für die Männerfreundschaft *(arkadaşlık)*. Von den anderen Außenbeziehungen – Verwandtschaft, Schwiegerschaft, Nachbarschaft etc. – unterscheidet sie sich darin, daß sie freiwillig eingegangen wird. Den Verwandten oder Nachbarn findet das Individuum vor; die Beziehung wird oft von den Eltern geerbt; der einzelne kann auf sie nur reagieren, sie pflegen oder abbrechen. Den Freund dagegen erbt man nicht, man sucht ihn selbst. Entsprechend wird die Bezeichnung »Freund« nicht auf die anders strukturierten Beziehungen innerhalb des Dorfes angewandt: Dort ist man, je nachdem, guter oder schlechter Nachbar oder Verwandter: Freundesbeziehungen sind nur diejenigen, die außerhalb des Dorfes geschlossen werden, meist während der Militär- und Schulzeit, und die gänzlich freiwillig sind.

Die Freundschaft gilt als die persönlichste Beziehung nach außen, die ein Mann eingehen kann, sie ist wesentlich vertrauter und offener als die Beziehung zur Ehefrau. *Bir arkadaşıyı bir karıya değişmez,* »ein Weib wiegt keinen Freund auf«, will ein Sprichwort wissen. Das Konzept der Freundschaft durchzieht leitmotivisch die Filme des auch hier bekannten Regisseurs Yilmaz Güney; am deutlichsten wird es in dem Film »Der Freund« *(Arkadaş)* dargestellt: Nach Jahren der Trennung begegnen sich zwei Freunde aus der Studienzeit wieder. Der eine ist Ingenieur, arbeitet am Aufbau des Landes, ist unverheiratet. Seine Welt ist eine Männerwelt: In einer Hütte am Strand trifft er sich mit Bauern und Fischern; in dieser Welt, in der Frauen keinen Platz haben, fühlt er sich wohl und zu Hause. Der andere ist wohlhabend geworden, seine Welt ist die Ferienkolonie, dort pflegt er Beziehungen zu anderen Aufsteigern gleich ihm. Er begeht Ehebruch und verschließt die Augen vor dem Ehebruch seiner Frau. Die Begegnung mit dem Freund bedeutet eine Konfrontation mit sich selbst: Am Gegenüber realisiert er, wie weit er selbst von den ehemals gemeinsamen Idealen abgewichen ist, eine Erkenntnis, die ihn zum Selbstmord treibt. Nur so kann er die Achtung des Freundes und, was damit gleichgesetzt wird, seine Selbstachtung wiedergewinnen.

Es lag nahe, daß die Jugendlichen in Berlin ihre Beziehungen nach dem Muster der Freundschaft gestalteten: Sie kannten das Konzept von ihrer Kindheit im Dorf; der Habitus der Stärke und Autonomie war ihnen anerzogen worden. Das Konzept lieferte ihnen auch Regeln, wie Beziehungen als Gleiche zu schließen und aufrechtzuerhalten seien: durch Gastfreundschaft, Gegenseitigkeit bei Hilfe- und Solidaritätsleistungen, Konfliktregelung. So konnten sie Isolation und Anpassung einerseits, Bandenbildung mit autoritären Strukturen andererseits vermeiden. In der Freundesgruppe kann der einzelne wahrscheinlich am leichtesten vermeiden, die rassistischen Vorurteile selbstzerstörerisch gegen die eigene Person zu kehren. Anders als in der Bande hat der einzelne in der Freundesgruppe mehr zu sagen: Die Gruppe kann als ganze deshalb differenzierter auf Vorurteile antworten als eine autoritär strukturierte Bande. Sie ist auch flexibler und offener für Erfahrungen.

Die auf Gegenseitigkeit und Gleichheit basierenden Beziehungen erwiesen sich als bemerkenswert funktional bei der Bewältigung einer feindlichen und rassistischen Umwelt. Die zentrale Problematik dieser Beziehungen liegt bei einem anderen Aspekt: dem der *Männer*freundschaft, von der Frauen weitgehend ausgeschlossen sind. Damit ist ein Gewaltverhältnis begründet.

Frauen in der Männergruppe

Die Erzählungen der Jugendlichen machten deutlich, wie sie Frauen streng in Klassen aufteilen und ihr Verhalten danach ausrichten: Sie unterschieden zwischen Deutschen und Türkinnen, »Straßenmädchen« und »Familienmädchen« *(aile kızı)*, hier aufwachsenden türkischen Mädchen und »Dorfmädchen« *(köy kızı)*.

Bei einer Diskussion in Neckargerach, bei der es um den Unterschied zwischen deutschen und türkischen Frauen ging, waren die türkischen Jugendlichen einig, daß auf deutsche Mädchen kein Verlaß sei: Sie seien mannstoll, verantwortungslos und zur Treue unfähig. Als Beweismaterial dienten Geschichten, wie deutsche Frauen die Jugendlichen zum Geschlechtsverkehr aufforderten, obwohl sie einen Freund hatten: »Sie haben es nicht zwei Wochen ohne Mann ausgehalten.« Mit deutschen Mädchen könne man deshalb befreundet sein, aber keinesfalls eine Ehe eingehen. Ehe setze Treue voraus; die aber könne man nur von einem türkischen Mädchen, einer Jungfrau erwarten. Die Jugendlichen argumentierten, daß Untreue die Beziehung zwischen den Partnern gefährde, was weniger für sie als für ihre Kinder problematisch sei, die am meisten unter einer Trennung zu leiden hätten. Sie verwiesen auf deutsche Familien. Sie ließen erkennen, daß sie Ehe weniger als Verhältnis von Mann und Frau auffaßten, sondern vor allem als Familie, die Kinder notwendig und wesentlich einschließt. Die meisten waren der Meinung, daß eine dauerhafte Ehe mit einer Deutschen, Jungfrau oder nicht, so gut wie ausgeschlossen sei.

Die Argumentation der Jugendlichen zeigt, daß der Gegenüberstellung von deutschen und türkischen Frauen dieselbe Unterscheidung zugrunde liegt, die für das Frauenbild im Dorf konstitutiv ist: Die ehrenhafte Frau, die von der Familie kontrolliert wird und ihrerseits die Ordnung der Familie mitträgt, wird mit der Frau konfrontiert, die, ohne zur Verantwortung fähig zu sein, ihren Trieben nachgibt und damit früher oder später die Familie zerstören wird.

Dieser Gegensatz wird nun nicht nur zwischen deutschen und türkischen Frauen aufgestellt, sondern auch innerhalb der Gruppe türkischer Frauen, zwischen »Straßenmädchen« und »Familienmädchen«. Herr Yasa formulierte das sehr deutlich in dem Gespräch, in dem er mir zu heiraten empfahl. »Heirate eine türkische Frau. Das ist besser als eine deutsche Frau. Eine deutsche Frau bleibt zwei Jahre bei dir, dann läuft sie weg. Ja, deutsche Frauen sind intelligent, klug, aber sie sind nichts. Weißt du, eine türkische Frau sagt nichts. Ich mache Glücksspiele. An manchen Abenden verliere ich 1000 Mark. Ich komme heim, aber meine Frau sagt nichts. Such dir ein türkisches Mädchen. Aber keines von diesen Straßenmädchen; keines von diesen Mädchen, die ins Freizeitheim gehen. Such dir ein Familienmädchen. Dann schick einen Brautwerber.«

Mädchen, die ins Jugendfreizeitheim gehen, sich also in eine Situation begeben, in der sie unkontrolliert Männer treffen können, gelten als »Straßenmädchen«. Familienmädchen sind dagegen Frauen, die streng unter der Kontrolle ihrer Eltern stehen, nicht allein ausgehen etc. Der Unterschied zwischen beiden Kategorien wird aus dem zwischen Deutschen und Türkinnen abgeleitet: Man sagt, »Straßenmädchen« seien »verdeutscht« *(almanlaşmış)* oder »Deutsche geworden« *(Alman oldular)*. Beate: »Was ist mit den (türkischen) Mädchen, die im Nachbarschaftsheim waren?« – Ismail Yasa: »Die sind Deutsche geworden.« – Beate: »Findest du das gut?« – Erol Kemal: »Nein, das finde ich nicht gut.«

»Sie sind Deutsche geworden« – das impliziert Rebellion. »Mädchen«, sagte ein anderer junger Mann in dem Gespräch, »die sich so verhalten, wollen sowieso von ihrem Vater und ihrer Mutter nichts mehr wissen.«

Die Sorge, ihre Schwestern könnten als »Straßenmädchen« betrachtet werden, war bei den Jugendlichen ebenso stark wie bei ihren Eltern. Sie weigerten sich auch dann noch, ihre Schwestern in den Jugendladen mitzubringen, als eine Mädchengruppe eingerichtet worden war. Sie fanden die Kontrolle, die ihre Eltern über ihre Schwestern ausübten, notwendig und richtig. Erol Kemal: »Das Mädchen muß zu Hause bleiben. Also wenn es nachts ist, wenn Abend ist, muß es zu Hause bleiben. Also wenn sie irgendwohin will, muß sie mit ihrem Vater oder ihrem Bruder hingehen, also ohne nicht.« – Ismail Yasa: »Ohne Erlaubnis geht es nicht.« – Beate: »Was heißt ›abends‹?« – Erol Kemal: »Nach sechs Uhr.«

Genauso selbstverständlich ist, daß die Schwester keinen Freund haben darf. Erol Kemal: »Zum Beispiel meine Schwester zu Hause, wenn Einkauf ist, geht sie raus. Wenn kein Einkauf ist, ist sie immer zu Hause.« – Beate: »Hat sie einen Freund?« – Erol: »Nein, bei uns ist das nicht so. Bei uns ist das nicht erlaubt.« – Beate: »Von deinen Eltern oder so?« – Erol: »Es ist immer so in der Türkei!«

Die Strenge, mit der gerade die Brüder ihre Schwestern behandeln, wurde mir von einer 19jährigen Türkin bestätigt: Die Brüder, meinte sie, seien »die schlimmsten«. Es sei vergleichsweise einfach, Ausreden gegenüber dem Vater zu erfinden; die Brüder dagegen, die die Situation hier besser kennen, durchschauen sie schneller.

Schließlich wird dieselbe Unterscheidung zwischen den hier aufwachsenden türkischen Mädchen und den »Dorfmädchen« gemacht: Ganze Abende werden mit Geschichten bestritten, wie die Jugendlichen ein Mädchen kennengelernt hatten, das den Eindruck unbedingter Ehrenhaftigkeit machte, wie dann aber diese Einschätzung immer wieder getrogen hatte. Ibrahim erzählte von einem Mädchen, das die »ehrenhafteste« der ganzen Schule gewesen sei: Sie habe den Koranunterricht besucht und sei in der Öffentlichkeit nur mit Kopftuch gesehen worden – aber wenn sie der Meinung war, niemand sehe ihr zu, habe sie eine Zigarette nach der anderen geraucht; Ismail Yasa erzählte von einem Mädchen, das *so* ehrenhaft gewesen sei – er machte eine anerkennende Geste mit den Fingern –, daß niemand gewagt habe, sie anzusprechen – und doch sei sie eines Tages schwanger in die Schule gekommen. Ein dritter schließlich berichtete von einem türkischen Mädchen aus seiner Straße, »einer Pistazie gleich«:

Er habe sich in sie verliebt, aber nicht gewagt, sie anzusprechen, weil sie den Eindruck unbedingter Ehrenhaftigkeit gemacht habe – eines Tages aber habe er gesehen, wie sie zu einem Deutschen in den Wagen gestiegen sei und ihn geküßt habe. Diesen Geschichten unterlag der Gedanke, den einer der Jugendlichen schließlich offen aussprach: *»Zaten, sağlam bir kız kalmadı burada«*, »Hier gibt es sowieso kein unberührtes (türkisches) Mädchen mehr«. Denselben Vorbehalt gegenüber den hier aufwachsenden türkischen Mädchen machte Veli Aksoy, als er sich den Verheiratungswünschen seiner Mutter widersetzte: Er wolle lieber Geld verdienen und sich dann eine Frau in der Türkei suchen.

Die Jugendlichen klassifizierten also Frauen immer wieder nach demselben Gegensatz, nämlich dem zwischen der Frau, die durch Ordnung gebunden ist und sie bewahrt, und der anderen, die tendenziell die Ordnung zerstört, also letztendlich dem Gegensatz zwischen Mutter und Ehefrau. Es gilt:

Mutter	: :	Ehefrau
»Dorfmädchen«	: :	in Deutschland aufwachsendes Mädchen
»Familienmädchen«	: :	»Straßenmädchen«
Türkin	: :	Deutsche

Es wird deutlich sein, daß diese Klassifikation »praktisch«, an Situationen und Handeln geknüpft ist, daß sie »gelebt« und nicht »gedacht« ist: Andernfalls würde ihre innere Widersprüchlichkeit gleich offenbar werden, denn ein und dieselbe Frau kann ja einmal als »Familienmädchen« den die Ordnung bewahrenden Frauen zugeordnet werden und zugleich als »in Deutschland aufwachsendes Mädchen« den die Ordnung zerstörenden Kräften.

Es ist nur folgerichtig, daß auch bei Deutschen schließlich zwischen »ehrenhaften« und »unehrenhaften« Frauen unterschieden wird. Die »Ehrenhaftigkeit« kann allerdings nicht wie bei den Türkinnen an einzelnen Ausdrucksformen festgemacht werden, sie wird am ganzen Verhalten der Frau abgelesen. So erklärte einer der Jugendlichen, daß es Aufgabe der Frau sei, auf ihre »Ehre« zu achten: Er erwarte von den Mädchen, daß sie sich eindeutig verhalten. Er selber werde jede Frau, die ihm gefalle, ansprechen und dann ihre Reaktion abwarten. Eine ehrenhafte Frau werde sich schon zur Wehr setzen. Die Episode, die er am selben Abend erzählte: »Neulich hätten wir beinahe von einer Frau eine Ohrfeige bekommen. Wir standen in der U-Bahn. Vor uns stand ein schönes Mädchen. Wir dachten, sie sei eine Deutsche, und fingen an, sie auf deutsch anzusprechen. Sie dachte nun ihrerseits, wir seien Deutsche, und fing an, auf deutsch zu schimpfen, und wollte auf uns einschlagen. Da sagte ich zu meinem Freund auf türkisch, wir sollten sie in Ruhe lassen, sie sei ehrenhaft (!). Da hörte sie, daß wir Türken waren, und fragte uns auf türkisch, warum wir sie ansprechen. Wir sagten, daß wir gedacht hätten, sie sei eine Deutsche. Hätten wir gewußt, daß sie Türkin sei, hätten wir sie nicht angeredet. Wir mußten alle lachen und unterhielten uns noch.«

Die Verwechslung verdeutlicht, wie die Schemata angewandt werden und wie das Verhalten von ihnen bestimmt wird: Die Frau konnte angesprochen werden, weil sie vermeintlich eine Deutsche war und ihr deshalb unterstellt werden konnte, daß sie es mit der Ehre nicht so genau nimmt. Erst als sie wütend reagierte, wurde sie, freilich irrtümlicherweise, als »ehrenhafte Deutsche« klassifiziert.

So erscheinen die deutschen Frauen, verglichen mit den Türkinnen, zwar insgesamt als unehrenhaft, untreu, verantwortungslos usw.; innerhalb der deutschen Frauen werden aber wiederum Unterschiede gemacht: Es gibt ehrenhafte Frauen, die sich in der Öffentlichkeit nicht ansprechen lassen, vor denen man Achtung empfinden muß, und unehrenhafte Frauen, die nur darauf aus sind, Männerbekanntschaften zu schließen.

Es ist merkwürdig, daß die Jugendlichen nicht bemerkten, wie der Gegensatz ehrenhaft/unehrenhaft für das Selbstverständnis deutscher Frauen kaum eine Rolle spielt, obwohl sie fast alle deutsche Freundinnen hatten und im Jugendladen und in der Schule mit deutschen Frauen zusammenkamen. Ich erkläre mir diesen Wahrnehmungsausfall daraus, daß ihre Klassifikation von Frauen durch Erfahrung allein nicht widerlegt werden kann, weil sie vorab die Erfahrung strukturiert. Durchaus denkbar, daß die Jugendlichen in einer ernsten und intensiven Beziehung Verständnis dafür gewinnen könnten, welche anderen Kriterien das Handeln deutscher Frauen bestimmen. Doch scheinen die Beziehungen, die sie auf Grund ihres Vorverständnisses mit Deutschen eingehen können, eben diese Erfahrung auszuschließen.

Das wurde bei einem Gespräch deutlich, in dem deutsche Frauen schilderten, welche Unlust und welche Ängste sie empfinden, wenn sie von Männern in der Öffentlichkeit angesprochen werden. Die Jugendlichen konnten das einfach nicht verstehen: »Warum soll man denn nicht Mädchen anmachen? Das macht doch Spaß. Die Mädchen wollen das auch.« Daß hartnäckige Männer, die trotz Abweisung nicht locker lassen, den stärksten Widerwillen erzeugen, stieß auf völliges Unverständnis: »Was hast du denn? Zum einen Ohr rein, zum anderen Ohr raus.« Die leitende Kategorie ist die des Spiels: Frauen, die mit Wut und Abweisung reagieren, werden als Spielverderber gesehen und aufgefordert, nicht so »empfindlich« zu sein.

Das entsprechende Selbstbild ist das des Liebhabers: Sie sehen sich selbst als männlich, sinnlich; als Männer, bei denen es Frauen gut haben. Sie berichteten von zahlreichen, häufig wechselnden Frauenbekanntschaften. Dabei schließt das Selbstbild des Liebhabers zärtliche Aufmerksamkeit ein, wie mir ein Gespräch mit Hanne deutlich machte: Sie hatte ein Gespräch mit Yaşar geführt, in dem sie ihm gestand, daß sie sich in Ismail Yasa verliebt habe. Yaşar habe ihr gesagt, sie müsse sich darauf einstellen, daß es vielleicht weh tun werde, wenn sie zum ersten Mal mit Ismail schlafe. Ismail habe nicht so viel Erfahrungen mit Frauen. Mit einem erfahrenen Mann wäre es wahrscheinlich schöner für sie.

Hanne war sehr angetan von dem Gespräch, sie störte sich nicht an dem eher technischen Aspekt, unter dem hier Sinnlichkeit betrachtet wird. Dieser Aspekt wird auch an einer anderen Bemerkung Yaşars deutlich: Er schlafe lieber mit 30jährigen als mit 17jährigen. »Die 17jährigen, Mensch, die haben keine Ahnung. Da macht es keinen Spaß.« Auch hier wird deutlich, daß es eher um ein Spiel geht als um einfühlsame Beziehungen zwischen Personen.

Das Selbstbild impliziert auch Regeln für das eigene Verhalten: so wehrten sie sich bei den Gesprächen in Neckargerach vehement gegen die Vorwurf, den die Frauen gegen Männer überhaupt erhoben, daß sie nämlich sofort ins Bett gehen wollen. Keineswegs, im Gegenteil. Hanne unterstützte sie: Sie finde türkische Männer besser als deutsche, sie wüßten, wie man mit Frauen umgeht; die Deutschen seien es, die immer gleich ins Bett wollen.

Der klassifikatorischen Trennung von ehrenhaften und unehrenhaften Frauen entspricht so ein Selbstbild, daß die Jugendlichen gegenwärtig als Liebhaber, für die Zukunft als Ehemänner definiert: Die Beziehungen, die sie jetzt eingehen, haben nichts mit den späteren, ernsthaften und verpflichtenden Beziehungen gemeinsam; die gegenwärtigen zeigen den Charakter eines mehr oder weniger verbindlichen Spiels. Das schließt Zärtlichkeit, »Galanterie« nicht aus, wohl aber ein ernsthaftes Engagement und damit Kennenlernen. Der andere ist nur als Mitspieler relevant. Die Unterstellung, daß auch für deutsche Frauen der Gegensatz von ehrenhaft/unehrenhaft das Weltbild prägt, wird damit immer wieder bestätigt: Frauen, die sich auf eine spielerische Beziehung einlassen, stellen sich damit als unehrenhaft dar; Frauen, die sich verweigern, gelten als ehrenhaft oder als Spielverderber oder als beides. In keinem Fall müssen Grundkategorien revidiert werden; die Erfahrung, daß für das Selbstverständnis deutscher Frauen ganz andere Kategorien maßgeblich sind, ist ausgeschlossen.

In den Zweierbeziehungen verhindert ihr spielerischer und kurzfristiger Charakter, daß die Klassifikation von Frauen verändert oder aufgegeben würde. In der Gruppe hat die Stellung, die Frauen von vorneherein zugewiesen wird, eine ähnliche Konsequenz. Aufschlußreich fand ich einen Konflikt, der sich 1979 in der *jüngeren Gruppe* abspielte: Zwei Deutsche, ein Mann und eine Frau, tanzten Rock 'n' Roll im hinteren Raum des Jugendladens. Kirstin, die Freundin von Yilmaz, schloß sich ihnen an, als Yilmaz sich gerade in einem anderen Raum aufhielt. Die türkischen Jugendlichen verfolgten die Szene mit sichtbarem Unbehagen; jemand informierte Yilmaz, daß seine Freundin tanze. Er kam sofort in den hinteren Raum und forderte Rechenschaft. Kirstin berief sich auf ihr »gutes Recht«; er schlug sie. Die Betreuerin intervenierte. Yilmaz und Kirstin zogen sich in die Küche zurück, um unter vier Augen die Auseinandersetzung fortzusetzen; dort schlug Yilmaz sie ein zweites Mal. (Hanne, auf deren Bericht ich mich stütze, meinte, Kirstin habe Yilmaz provoziert, um einen Grund zum Abbruch der Beziehung zu haben.)

Hier gelten andere Regeln als für den Konflikt zwischen zwei Männern: Die Jugendlichen, die Kirstins Verhalten mißbilligten, wandten sich nicht an sie persönlich, wie es bei einem Mann angebracht gewesen wäre, sondern an ihren Freund; der wurde seinerseits mit einer Erwartung konfrontiert, nämlich auf ihr »ehrloses« Verhalten zu reagieren, er geriet unter Handlungszwang. Diese Zuordnungen wurden besonders auffällig, als es zu einer körperlichen Auseinandersetzung kam: Hätte es sich um zwei Männer gehandelt, wären die anderen sofort dazwischengegangen; so aber betraf die Angelegenheit die Gruppe nicht.

Die Freundin eines Freundes wird, wie der Konflikt verdeutlicht, gemieden; man hat keine unmittelbare Beziehung zu ihr. Im Gruppenalltag befanden sich die deutschen Mädchen oft am Rande: Die Jugendlichen unterhielten sich untereinander mit größter Unbekümmertheit auf türkisch; nur gelegentlich wandten sich einzelne an ihre Freundinnen, sie nahmen sie dann beiseite, verließen sozusagen die Männergruppe. Die Frauen empfanden das als Mißachtung: »Wenn wir alleine sind, dann verstehen wir uns unheimlich gut. Und wenn die anderen Jugendlichen dabei sind, dann ist es anders, dann spricht er nicht mit mir, da beachtet er mich kaum. Und das ist es, was uns am meisten daran stört.« – »Mit meinem Freund komme ich ganz gut aus, zu Hause. Wenn er mit den anderen Jungs zusammen ist und ich dabei bin, dann streiten wir uns. Weil er sich da nicht so verhalten kann. Plötzlich bist du Luft.« – »Wenn ich im Laden was sagen wollte, bin ich nicht zu Wort gekommen.«

Die Meidung der Freundin eines Freundes drückt die Achtung vor der Beziehung zum Freund aus. Umgekehrt wird es als Angriff verstanden, wenn ein Freund mit der eigenen Freundin ein Verhältnis beginnt: Das gilt als Angelegenheit, die primär unter Männern zu regeln ist. 1978 spielte sich folgende Geschichte ab – eine Geschichte im übrigen, die zeigt, daß der Fall Petra Kaiser keineswegs exzeptionell ist:

Die *ältere Gruppe* hatte in der von ihnen angemieteten Wohnung Karin M. betrunken gemacht, und die Jugendlichen hatten der Reihe nach mit ihr geschlafen. Karin war die Freundin eines türkischen Jugendlichen, der ebenfalls im Freizeitheim verkehrte. Ihre Absicht, so die Betreuer des Heims, sei gewesen, diesen Jugendlichen zu kränken. Jedenfalls wurde der Vorfall von Karins Freund so verstanden. Er mobilisierte am nächsten Tag seine eigenen Freunde und zog mit ihnen zum Jugendfreizeitheim, wo sich die *ältere Gruppe* aufhielt. Nur mit Mühe konnte der türkische Betreuer eine Massenschlägerei verhindern. Der junge Türke brach die Beziehung zu Karin M. ab.

Ein türkischer Bekannter, der sich mit dem Vorfall befaßte, kommentierte: »Was ist das für eine schmutzige Sache, mit der Freundin eines Freundes zu schlafen.« Auch er reduzierte das Problem, um sich den Jugendlichen verständlich zu machen, ganz im Sinn der Normen, die in der Freundesgruppe gelten, auf eine Angelegenheit zwischen Männern. – Allerdings darf man gemeinsam Prostituierte aufsuchen oder, wie das Ereignis und der Fall Petra Kaiser belegen, der Reihe nach mit einer Frau, die keinem der Gruppe zugeordnet und als »Nutte« *(orospu* oder *fahişe)* klassifiziert ist, sexuell verkehren: Das kann als gemeinschaftsstiftende Unternehmung einer Männergesellschaft gesehen werden.

In der Zuordnung erkennt man den Mechanismus der Ehre. Nur daß er hier dem Kontext entfremdet ist: In der Türkei dient er dem Schutz der eigenen Frauen vor Fremden, er funktioniert in einem Kontext, in dem die staatliche Ordnungswelt kaum repräsentiert ist. Hier in der Emigration werden Frauen benützt, um die Beziehungen zwischen Männern symbolisch auszudrükken.

Die Freundinnen, die in den Jugendladen kamen, bestätigten auf die eine oder andere Weise das Schema. Entweder sie akzeptierten den Platz und die Rolle, die die Jugendlichen ihnen zuwiesen – dann konnten sie damit rechnen, als »ehrenhaft« betrachtet zu werden. Oder sie suchten zu rebellieren, wie Kirstin, auf ihr »gutes Recht« zu pochen, dann gab es Streit und sie wurden letztendlich als unehrenhaft klassifiziert. Die grundlegende Dichotomie ehrlos/ehrenhaft war nicht in Frage zu stellen.

Wenn das Weltbild der Ehre durch Erfahrung nicht widerlegt werden kann, weil es bereits Erfahrung vorstrukturiert, so ist es doch nicht fugenlos. Der Fall von Hanne zeigt, wie ein Lehrstück, die Möglichkeiten und Schwierigkeiten dieses Prozesses: Hanne kam seit 1977 fast täglich in den Jugendladen. Sie war damals vierzehn Jahre alt. Bis auf die kurze Beziehung mit Ismail Yasa, die dieser nach drei Monaten abbrach, hatte sie kein Verhältnis mit einem der Jugendlichen im Laden. Im Lauf der Zeit gelang es ihr, zu mehreren der Jugendlichen, vor allem zu Yaşar und Abdul, ein vertrautes, sie sagte »brüderliches« Verhältnis zu gewinnen. Ein Höhepunkt in dieser Hinsicht war die gemeinsame Teilnahme an der Fortbildungsveranstaltung in Neckargerach. Sie erzählte, sie habe eines Abends mit Abdul im Bett gelegen, um zu schmusen. Als sie gemerkt habe, daß Abdul mit ihr schlafen wollte, habe sie gesagt, sie sei noch Jungfrau und wolle nicht. Er habe noch zweimal nachgefragt, um sich zu vergewissern. Dann habe er gesagt: »Das trifft man selten in Deutschland« und sich umgedreht. Auch habe sie einmal mit Yaşar zusammen geduscht; es sei »ganz natürlich« gewesen. In diese Zeit fiel auch das oben zitierte Gespräch, in dem sie Yaşar erzählte, daß sie sich erneut in Ismail verliebt habe. Sie war mit Ismail nur ein- oder zweimal zusammengekommen, offenbar war es schwierig. Als zwei Wochen später im Jugendladen ein Fest stattfand, verliebte sie sich in einen jungen Türken, den ich nicht kannte. Die Jugendlichen reagierten erbittert auf das, was sie als

Verrat an Ismail betrachteten. Yaşar und Abdul erzählten, sie hätten in Neckargerach mit ihr geschlafen, sie sei eine »Hure«. Sie versuchte sich zu verteidigen, erfolglos. Seit dieser Auseinandersetzung kam sie nicht mehr in den Jugendladen.

Schluß

Als Ali Kaynar nachts um halb zwei Petra Kaiser allein auf dem Hermannplatz traf, hatte er nach seiner Situationsdefinition keine Schwierigkeiten, sie anzusprechen: Es lag, in seinen Augen, an ihr, »ehrenhaft« oder »unehrenhaft« zu reagieren. Hätte sie energisch oder zumindest deutlich handeln können, wäre er wahrscheinlich weitergegangen. Sie aber befiel eine lähmende Angst, und sie folgte ihm. Damit dürfte sich bei Ali Kaynar der Eindruck, sie sei eine Prostituierte, gebildet haben. Die Frage bleibt, warum er nicht wahrnahm, daß Petra Kaiser aus Angst mitkam, einer Angst, die offensichtlich gewesen sein muß und die sich in der Gerichtsverhandlung deutlich mitteilte. Auf diese Frage läßt sich keine einfache Antwort geben.

Allgemein gilt, daß die Normen und Regeln, die in den türkischen Familien den Kindern vermittelt werden, »Innerlichkeit«, Motivationen und Gefühle kaum in Rechnung stellen. Am meisten fällt uns an den Konzepten von Ehre, Achtung und Scham auf, daß »Persönlichkeit« in unserem Sinn darin keine Rolle spielt: Bedeutung besitzt die Handlung, nicht der Geist, dem sie entspringt. Wichtig ist, *daß* die Regeln, die Achtung, Ehrenhaftigkeit etc. ausdrücken, befolgt werden, weniger, *warum* sie befolgt werden. Ebenso wird von der Mißachtung der Regeln sofort auf Unehrenhaftigkeit bzw. Verweigerung von Achtung geschlossen. Die Regeln werden jedoch nicht nur »ritualistisch« befolgt, sie sind auch an Situationen gebunden. Die von unserem Konzept der Persönlichkeit geforderte Konsistenz des Handelns wird nicht erwartet. Bei der Erklärung von Ereignissen wird mehr auf die Situation als auf den Charakter der Beteiligten eingegangen. Das bestimmt die Wahrnehmung. Ich halte es für unwahrscheinlich, daß Ali Kaynar mehr wahrgenommen hat als den Ort und die Zeit des Treffens und daß Petra Kaiser mit ihm kam, scheinbar ohne zu zögern.

Dafür spricht vor allem die völlig unterschiedliche Reaktion von türkischen und deutschen Prozeßbeobachtern auf die Aussagen von Petra Kaiser. Während die Deutschen von ihrer, für sie ganz offensichtlichen, Hilflosigkeit betroffen waren, teilte sich davon den türkischen Eltern nichts mit; Frau Kaynar sagte anschließend über Petra: »Ein Mensch kann außen noch so schmutzig erscheinen, vielleicht ist er innen gut.« – Nach außen, nach allem, was man erkennen kann also, sei Petra Kaiser »schmutzig«, unehrenhaft. Mag sein, daß hier die Parteinahme für den Sohn eine Rolle spielte. Doch auch Ismail Tahir, der die Vergewaltigung vor dem Prozeß als einziger deutlich verurteilt hatte, änderte nach der Zeugenaussage von Petra Kaiser seine Meinung. Sichtbar erleichtert trat er auf mich zu und sagte: »Na, wie siehst du den Fall jetzt? Sie ist ja wohl mitgekommen.« Ich sagte, sie habe sich anscheinend nicht wehren können. Darauf Ismail Tahir: »Woher sollte man denn das wissen?« Nur ihr Handeln wurde wahrgenommen, nicht aber ihre Hilflosigkeit und Angst. Nur so ist auch eine Äußerung von Erol Kemals türkischer Freundin zu verstehen: Als sie Petra Kaiser gesehen habe, sei sie eifersüchtig geworden, sagte sie, denn sie sei sehr schön. Auch sie sah sie nicht, wie die Deutschen, als wehrloses Opfer, sondern als Frau, deren Attraktivität provoziert und die ihr deshalb den Freund wegnehmen könnte. Die meisten Jugendlichen grinsten, als sie Petra Kaiser wiedersahen, als sie ihre Aussage machte...

Ein anderer hätte das einleitende Mißverständnis vielleicht korrigieren können; aber Ali Kaynar hat schon im Türkischen Schwierigkeiten, sich zu artikulieren, Deutsch spricht er am schlechtesten von allen; Petra Kaiser wiederum hatte viel zuviel Angst, um etwas zu sagen. Weder ihr Bild von ihm, das eines messerstechenden Gewalttäters, noch sein Bild von ihr, das einer Nutte, konnten sich korrigieren. Die Zuschreibung von Ehrlosigkeit war entscheidend. Denn jenseits der Ehre gilt die Person nichts. Ist die Ehre verloren, sagte Herr Yasa, ist alles kaputt. Die Weigerug einer »ehrlosen« Frau, mit einem Mann zu schlafen, ist sinnlos; was hätte sie denn zu verlieren? Die Proteste, die Petra schließlich doch äußerte, wurden übergangen. Sie solle nicht albern tun, wurde ihr gesagt, »mach keine Anstalten«.

Alles bezeugt Distanz und Fremdheit. Ali Kaynar dachte allen Ernstes zunächst daran, die Frau, mit der er kaum ein Wort gewechselt hatte, Orhan Dümen als Heiratspartnerin zuzuführen: Es ging ihm, denke ich, von Anfang an mehr um die Beziehung zu seinen Freunden als um die zu dem Mädchen. Deshalb überließ er sie ihnen widerstandslos, als sie ihn darum baten, und damit war für die Gruppe die Situation geklärt. Erol Kemal sagte es später ausdrücklich: Es war wie der Besuch bei einer Prostituierten in der Potsdamer Straße, die gemeinsame und gemeinschaftsstiftende Unternehmung eines Männerbundes.

Doch auch für die Jugendlichen ist das kein im engeren Sinne »ehrenhaftes« *(namuslu)* Verhalten. Der Gruppenverkehr mit einer Frau, die als Prostituierte klassifiziert ist, folgt zwar der Logik des Ehrbegriffs insofern, als damit Beziehungen zwischen Männern symbolisch durch Beziehungen zu Frauen ausgedrückt werden, widerspricht ihm aber darin, daß der Ehrbegriff auch den Schutz der Frau, mit der man eine Beziehung hat, fordert, bzw. verlangt, die Frau eines Freundes zu respektieren. Das war der Punkt, der von den türkischen Verwandten den Jugendlichen am stärksten angekreidet wurde und dessen sie sich schämten, als er öffentlich verhandelt wurde.

Ich will die Vorgänge jener Nacht nicht einfach als kulturelles Mißverständnis interpretieren. Vor allem die Aggressionen am nächsten Vormittag, als die Rede davon war, Petra Kaiser ein Stuhlbein in die Scheide zu stoßen, als sie beschmiert und fotografiert wurde, wiegen schwer; ebenso die Drohung von Veli Aksoy: »Komm mit (mir), sonst ficken wir dich alle noch einmal durch.« Aggressive Sexualphantasien wurden auch von einigen der männlichen Verwandten ausgesprochen: Mir fiel auf, daß sie, bei denen man eher ein Interesse an der Verharmlosung des Falls vermutet hätte, ihn dramatisierten. Als noch nichts Genaues bekannt war, hieß es, Petra Kaiser sei gefoltert worden, man habe, so Herr Timur, Zigaretten in ihrer Scheide ausgedrückt. Schließlich gab es einen Kassiber von Orhan Dümen aus der Untersuchungshaft. Er zeigt eine mit schwarzen und braunen Filzstiften gezeichnete nackte Frau, deren Mund und Scheide in roten Farben hervorgehoben sind; darunter stand: »Bekir. Du bist dran. Wir haben gefickt, aber wir bereuen nicht.« Diese Äußerungen verraten ebenso Geilheit wie Aggression, den Wunsch, die Frau zu besitzen und sie gleichzeitig unschädlich zu machen: Beides entspricht der Haltung gegenüber der »unehrenhaften« Frau, die ebenso begehrt wie als bedrohlich empfunden wird.

Gleichwohl darf man die Bedeutung dieser Aggression nicht überschätzen. Die Jugendlichen sind keine Triebtäter, die ihrer Sexualität und ihren Aggressionen hilflos ausgeliefert wären. Sie mögen aber im Fall Kaiser dazu beigetragen haben, daß die Jugendlichen die Signale, mit denen Petra Widerstand anzeigte, einfach übersehen konnten. Die Zeichen waren auch hilflos genug. Die Jugendlichen brauchten sich nicht einzugestehen, daß sie Gewalt anwandten. Einer der frappierendsten Aspekte des Falls ist ja, daß sie sich nicht bewußt waren, ein Verbrechen begangen zu haben: Fünf von ihnen wurden schlafend in der Wohnung, in der die Vergewaltigung stattgefunden hatte, verhaftet; Erol Kemal ging am folgenden Tag persönlich zum Polizeirevier, um dort seinen Ausweis abzuholen. Offen bleibt, ob die Jugendlichen einen energischen Widerstand gebrochen hätten – ich halte es eher für unwahrscheinlich.

Man kann sich dem Eindruck nicht entziehen, daß das Verbrechen fast zwangsläufig aus der Situation von türkischen Jugendlichen in der BRD folgt: Sie wachsen mit der traditionalen türkischen und islamischen Ethik in einer Kultur auf, die das Geschlechterverhältnis grundlegend anders regelt; diese Normen und Werte werden in der *peer group* verstärkt und durch Männertümelei eingefärbt, einer *peer group*, auf die sie bei der Auseinandersetzung mit der diskriminierenden Umwelt angewiesen sind. Die Zusammensetzung der Gruppe, die Petra Kaiser vergewaltigte, scheint eher zufällig: Andere türkische Jugendliche aus Kreuzberg hätten an ihrer Stelle sein können. Sehr deutlich formulierte diese Schicksalhaftigkeit der Verwandte von Bekir Otyam, den nur ein Zufall von der Geburtstagsfeier ferngehalten hatte: Er sagte, er habe eben Glück gehabt, wäre er dabeigewesen, er hätte sich wie die anderen verhalten.

Ich möchte noch auf einen letzten Punkt hinweisen. Es scheint mir kein Zufall, daß der Konflikt mit der Begegnung von Ali Kaynar und Petra Kaiser begann: Beide sind Außenseiter, Opfer ihrer jeweiligen Kultur. Hier beginnt die Verantwortung von Rüstem Tahir und Erol Kemal: Ihre Stellung in der Gruppe hätte es ihnen erlaubt, den Ablauf der Nacht zu ändern, das Schicksal, wenn man so will, aufzuhalten. Ihre Erklärung, sie hätten die Situation mißverstanden, sie hätten geglaubt, Petra Kaiser habe freiwillig – und gern – mit ihnen geschlafen, mag sogar dem Eindruck entsprechen, den sie gewannen. Dennoch – beide haben in Deutschland die Erfahrung von kulturellen Mißverständnissen gemacht, sie haben die Notwendigkeit erfahren, daß man genauer hinsehen muß, als es in der Türkei notwendig gewesen wäre.

Mit Ausnahme von Ahmed Yasa nahmen alle Jugendlichen das Urteil an. Ahmeds Verteidiger ging in Revision: Ahmeds Alter war nicht eindeutig festgestellt worden, es konnten neue Unterlagen aus der Türkei eingereicht werden. In der Neuverhandlung, Juli 1981, traten keine neuen Gesichtspunkte auf, und das erste Urteil wurde im wesentlichen bestätigt. Allerdings wurde nun das halbe Jahr Untersuchungshaft auf die – zur Bewährung ausgesetzte – Haftstrafe angerechnet; d. h. Ahmed hätte im Fall einer neuen Straftat ein halbes Jahr weniger von der ursprünglichen Strafe verbüßen müssen. Bei dieser Minderung des Strafmaßes waren vor allem die Lebensverhältnisse Ahmeds ausschlaggebend: Er war inzwischen verheiratet und hatte eine feste Stelle.

Ich selbst habe Ahmed nur einmal nach dem Verfahren gesehen, im Frühjahr 1980; er war damals noch unverheiratet und arbeitslos. Er wirkte niedergeschlagen und zerstreut. Als ich fragte, was er so mache, zuckte er die Achseln: Er gehe durch die Warenhäuser und betrachte die Auslagen. – Die Heirat mit einem Mädchen aus seiner Heimatstadt hat der Vater initiiert. Der Vater wird auch Ismail, den jüngeren Bruder, bewogen haben, die Wohnung, die er für sich gefunden hatte, dem Ehepaar zur Verfügung zu stellen und sich in die Familie zurückzuziehen. Inzwischen hat Ahmed ein Kind. Freunde erzählten mir, daß er in seinem Auftreten inzwischen selbstsicherer, manchmal sogar arrogant sei.

Erol Kemal hatte 1980 zusammen mit einem Freund einen türkischen Imbiß in Kreuzberg eingerichtet. Dieser Imbiß wurde zum neuen Treffpunkt eines Teils der Gruppe, die früher in der Frankestraße zusammengekommen war, neben anderen fanden sich Bekir Otyam und Yusuf Timur regelmäßig dort ein. Der türkische Sozialarbeiter, der früher mit den Jugendlichen gearbeitet hatte, meinte, die Stellung als Gastgeber verleihe Erol einen wichtigen Platz in der Gruppe. Erol selbst ist bislang unverheiratet. Seine türkische Freundin war nach dem Prozeß noch mit ihm zusammengewesen, hatte sich aber später von ihm getrennt. Ich traf sie im Juni 1981 zum letzten Mal: Sie hatte damals ihre Krankenschwesterausbildung beendet und wollte mit ihren Eltern in die Türkei zurückkehren. Darauf freue sie sich, sagte sie mir.

Rüstem Tahir kommt nur noch ausnahmsweise mit den anderen jungen Männern zusammen. Ich habe ihn im Sommer 1980 gesehen. Damals lebte er in Tempelhof bei seinem Bruder und dessen Frau. Er erzählte bitter und empört von Erfahrungen, die er seit dem Prozeß hatte machen müssen: Er habe acht Monate lang keine Arbeit finden können; die Ausländerpolizei habe ihm einen Ausweisungsbescheid zugestellt, gegen den er Klage einlegen mußte, auch wurde ihm auferlegt, Berlin nicht zu verlassen. Dann war er in einen Verkehrsunfall mit einem Deutschen verwickelt, unschuldig, doch machte die Gegenpartei bewußt Falschaussagen – im Vertrauen darauf, wie er meinte, daß er als Türke sprachlich nicht gewandt genug sei, um sich zu erklären. Im Verfahren habe er deshalb einen Wutanfall bekommen. Erst als der Richter die Gegenpartei auf die Folgen einer Falschaussage aufmerksam machte, hätten sie ihre Behauptungen zurückgenommen. Rüstem Tahir empfand das alles als tiefste Demütigung, als Äußerungen einer Umwelt, die ihm sein Recht, in ihr zu leben, streitig macht. Obwohl er sich in jedem einzelnen Fall mit Hilfe von Rechtsanwalt und Gericht durchsetzen konnte, ist er es müde, sich ständig behaupten und verteidigen zu müssen, bloß um, wie er sagt, »wie ein Mensch leben zu können«.

Als ich auf den Fall Petra Kaiser kam, meinte er: »Ich weiß, wenn wir das in der Türkei gemacht hätten, wären wir alle von einem Verwandten des Mädchens erschossen worden.« Als er hierhergekommen sei, habe er sich anpassen wollen. »Aber keiner hat mir gesagt: ›So, du bist hier. Das kannst du machen, das darfst du machen. Aber das ist *ayıp* (schändlich, schlimm). Keiner hat mir das gesagt.« – Rüstem heiratete im Frühjahr 1982 und wohnt nun in einer eigenen Wohnung, im selben Haus wie sein Bruder.

Ali Kaynar lebte ungefähr ein Jahr nach dem Prozeß bei Herrn K., einem türkischen Sozialarbeiter. Danach kehrte er zu seinem Vater zurück. Er, sein Vater und sein Bruder arbeiten zusammen in der Packabteilung einer *Aldi*-Filiale. Er sei ruhiger geworden, erzählte Herr K., allerdings immer noch unsicher und vor allem mit Jüngeren zusammen. Er scheint immer noch am Rand zu stehen, wenngleich die Konflikte nicht mehr so heftig sind wie vor einigen Jahren. Ali ist der einzige der Gruppe, der noch regelmäßig im Jugendfreizeitheim verkehrt. Mit den anderen jungen Männern, die in den Vergewaltigungsfall verstrickt waren, sieht er sich nicht mehr.

Von Veli Aksoy habe ich nur erfahren, daß er, in die Türkei zurückgekehrt, seinen Militärdienst ableistete. Orhan Dümen war noch einmal illegal nach Deutschland eingereist, wurde jedoch wieder ausgewiesen. Bekir Otyam ist verheiratet und hat zwei Kinder.

Ich habe mich nie getraut, Petra Kaiser zu besuchen und sie über den Fall zu befragen.

Literatur

Albrecht, P.-A./C. Pfeiffer, *Die Kriminalisierung junger Ausländer, Befunde und Reaktionen sozialer Kontrollinstanzen,* München 1979

Arnke/Graeff/Zabre, Türkische Großgemeinde Kreuzberg, in: *arch +,* Nr. 46, Aachen September 1979, S. 42–49.

Aydin, A., *Tam izahlı Büyük islam ilmihali* (Vollkommen erläuterter großer islamischer Katechismus), Istanbul, o. J.

Bourdieu, P., Elemente zu einer soziologischen Theorie der Kunstwahrnehmung, in: Bourdieu, P., *Zur Soziologie der symbolischen Formen,* Frankfurt a. M. 1974, S. 159-201

Ders., *Entwurf einer Theorie der Praxis,* Frankfurt a. M. 1976

Bousquet, G.-H., *L'éthique sexuelle de l'Islam,* Paris 1966

Bumke, P. J., Geçitveren – zur wirtschaftlichen Situation eines ostanatolischen Dorfes, in: *Mardom nameh, Hefte zur Geschichte und Gesellschaft iranischer Völker,* Nr. 2, Berlin 1976, S. 2-22

Ders., Kızılbaş-Kurden in Dersim (Tunceli, Türkei), Marginalität und Häresie, in: *Anthropos,* LXIV, 1979, S. 530-48

Ders., Bemerkung zur räumlichen Aufteilung der Lebenswelt anatolischer Bauern, in: *arch +,* Nr. 46, Aachen, September 1979, S. 32–35

Dirks, S., *La famille musulmane Turque,* Paris, Den Haag 1969

Douglas, M., *Purity and Danger, An Analysis of the Concepts of Pollution and Taboo,* London 1966

Dies., *Ritual, Tabu und Körpersymbolik, Sozialanthropologische Studien in Industriegesellschaft und Stammeskultur,* Frankfurt a. M. 1974

Dwyer, D., *Images and Self Images,* Male and Female in Marocco, New York 1978

Garer, H./A. Schürenberg, Frauen in Kurdistan, Ein Bericht aus dem Leben der kurdischen Frauen, in: Roth, J. (Hrsg.): *Geographie der Unterdrückten,* Hamburg 1978, S. 145-70

Holtbrügge, H., *Türkische Familien in der Bundesrepublik,* Duisburg 1975

Mauss, M., *Die Gabe,* Frankfurt a. M. 1968

Mernissi, F., *Beyond the Veil,* New York 1975

Nissen, N., Vertrautheit, Respekt, Meidung, Zum Verhältnis von sozialen Beziehungen und Raum, in: *arch +*, Nr. 46, Aachen September 1979, S. 35–39

Peristiany, J. G. (Hrsg.), *Honour and Shame,* London 1965

Petersen, A., Der Brunnen und das Backhaus, Der Alltag von Frauen im anatolischen Dorf, in: *arch +*, Nr. 46, Aachen September 1979, S. 38–39

Pfluger, I., *Einige Aspekte der geschlechtsspezifischen Sozialisation türkischer Kinder in Anatolien am Beispiel des Dorfes Iğdeli,* Magisterarbeit am Fachbereich Philosophie und Sozialwissenschaften II der FU Berlin, Berlin 1981

Roth, J. (Hrsg.), *Geographie der Unterdrückten,* Hamburg 1978

Rotkopf, P. Beobachtungen und Bemerkungen über eine kurdische Bevölkerungsgruppe, in: Roth, J. (1978), S. 118–139

Schrader/Niklas/Griese, *Die zweite Generation. Sozialisation und Akkulturation ausländischer Kinder in der Bundesrepublik,* Kronberg 1976

Starr, J., *Dispute and Settlement in Rural Turkey,* Leiden 1978

Stirling, P., Land, Marriage and the Law in Turkish Villages, in: *International Social Science Bulletin,* Vol. IX, 1957

Stölting, W., Zur Zweisprachigkeit ausländischer Kinder – Probleme und Aufgaben, in: Müller, H. (Hrsg.), *Ausländerkinder an deutschen Schulen,* Stuttgart 1974, S. 144-155

Yalman, N., On Land Disputes in Eastern Turkey, in Tikku, G. L. (Hrsg.), *Islam and Its Cultural Divergence,* University of Illinois Press 1971

Alphabetisches Gesamtverzeichnis der suhrkamp taschenbücher